Christian Tepe

Wege zum nachhaltigen Denken

Christian Tepe

Wege zum nachhaltigen Denken

Ein philosophisches Traktat über Naturschutz, Ethik und Umweltpolitik

Tectum Verlag

Christian Tepe
Wege zum nachhaltigen Denken. Ein philosophisches Traktat über Naturschutz, Ethik und Umweltpolitik

ISBN 978-3-8288-4414-8
ePDF 978-3-8288-7418-3
ePub 978-3-8288-7419-0

Druck und Bindung: Docupoint, Barleben
Printed in Germany

Informationen zum Verlagsprogramm finden Sie unter
www.tectum-verlag.de

Bibliografische Informationen der Deutschen Nationalbibliothek
Die Deutsche Nationalbibliothek verzeichnet diese Publikation in der Deutschen Nationalbibliografie; detaillierte bibliografische Angaben sind im Internet über http://dnb.ddb.de abrufbar.

Bibliographic information published by the Deutsche Nationalbibliothek
The Deutsche Nationalbibliothek lists this publication in the Deutsche Nationalbibliografie; detailed bibliographic data are available online at http://dnb.ddb.de.

Inhaltsverzeichnis

Erstes Kapitel: Zu Besuch auf der Erde

Beginnen wir mit einem Gedankenexperiment. Stellen wir uns einen Menschen vor, der aus einer ganz anderen Kultur, einer anderen Welt, ja von einem fremden Planeten zu uns kommt, um als Journalist über den gegenwärtigen Status des Umweltschutzes in Deutschland nach daheim zu berichten. Stellen wir uns ferner vor, dass unser Gast zwar über exzellente ökologische Kenntnisse sowie über eine fundierte naturethische Bildung verfügt, jedoch den Begriff der Nachhaltigkeit noch niemals gehört hat. Dies ist eine wichtige Voraussetzung des Gedankenexperimentes: Der wissenschaftlich sonst überaus kompetente außerirdische Korrespondent ist mit der öffentlichen Diskussion zur nachhaltigen Entwicklung überhaupt nicht vertraut.

Dieser Gastjournalist begibt sich nun also für seine geplante Reportage auf eine Entdeckungsreise durch die Bundesrepublik. Seine Fragestellung lautet: Wie steht es in Deutschland um Ökologie und Umweltschutz?

Während seiner Reise über das Land fallen unserem Gast als Erstes die gewaltigen, künstlichen Mondlandschaften in der Lausitz, im Leipziger Becken und am Niederrhein auf. Wo, wie am Niederrhein, die fruchtbarsten Böden des Landes liegen, trifft unser Gastkorrespondent auf Verheerungen von apokalyptischen Dimensionen. Ganze Dörfer, Ökosysteme und Flusslandschaften fallen den gigantischen Schaufelrädern der angeblich größten Bagger der Erde zum Opfer. Hier ist alles überdimensional. Jede Beziehung zu menschlichen, natürlichen Größenordnungen wurde zerstört. Wo einst Gärten blühten, wo altvertrauter Glockenklang über Dächern, Bäumen und Feldern erschallte, wo die kleine Wildnis am Dorfrand den Kindern die Erfahrung der Freiheit gewährte, da klafft nun eine große Leere: das Nichts, ein Nicht-Ort. Alles wurde und wird, so erfährt unser Gast, der Braunkohleförderung geopfert. In dieser Sparte ist Deutschland, das sich lange Zeit als Klimaweltmeister rühmte, tatsächlich weltweiter Spitzenreiter.

Bei seinem Besuch des Rheinischen Braunkohlereviers macht unser Gast noch eine weitere, sehr aufschlussreiche Entdeckung. Er stößt auf ein Wort, dem er bei seinem Deutschlandbesuch immer wieder begegnen wird. Das Wort, das ihn nicht mehr loslässt, heißt „nachhaltig“. Zum ersten Mal entdeckt er dieses Wort in einer Unternehmensvision des Energiekonzerns RWE, dessen Ableger RWE Power die Braunkohleförderung und Braunkohleverstromung im Rheinischen Revier betreibt. RWE schreibt über sich selbst: „Themen wie Umweltschutz, Naturschutz und Klimaschutz genießen bei RWE oberste Priorität.“ (RWE 2019a) Deshalb wirbt der Konzern auch mit dem Motto: „Wir wollen nachhaltig handeln (…).“ (RWE 2019b)

„Nachhaltig“ ist das neue Wort, das sich unser Gast bei RWE zum ersten Mal erschließt. „Nachhaltig“ hat also hier faktisch die Bedeutung, so lange wie möglich an einer umweltethisch hochproblematischen, ja verwerflichen Form der Stromerzeugung festzuhalten. Einen anderen Sinn kann das Wort schlechterdings nicht haben, wenn jener Konzern, der für die ökologischen Verwüstungen im Rheinischen Revier verantwortlich ist, sagt: „Wir wollen nachhaltig handeln (…)“ und RWE-Manager Rolf Martin Schmitz beteuert: „Nachhaltigkeit ist zentraler Bestandteil der RWE Strategie.“ (RWE 2019c)

Diese Interpretation des Begriffes „nachhaltig“ findet schon bei der nächsten Gelegenheit ihre klare Bestätigung. Unser Deutschlandkorrespondent ist im Flugzeug von Köln nach Hamburg unterwegs. Gerne hätte er grundsätzlich die Eisenbahn für seine Erkundungsreise benutzt. Nachdem jedoch zuerst ein Zug ersatzlos gestrichen wurde und der nächste Zug durch eine Systemstörung der neuen digitalen Stellwerkstechnik von der Strecke gebracht wurde, ist er dann doch auf das Flugzeug umgestiegen – wenn auch schweren Herzens wegen der hohen Lärm- und Schadstoffemissionen. Während des kurzen Fluges erfährt er in einer Broschüre des Unternehmens, dessen Dienste er gerade in Anspruch nimmt, von der Vision „Nachhaltig fliegen" (Lufthansa 2018, 10) und liest die von Manager Carsten Spohr ausgegebene Losung: „Wir wollen auch beim wichtigen Aspekt der Nachhaltigkeit eine führende Rolle in unserer Industrie einnehmen." (Lufthansa 2018, 3) So gewinnt der Begriff „Nachhaltigkeit" allmählich Konturen. Wenn die jeweils klimaschädlichste und umweltschädlichste Form der Energiegewinnung und der Fortbewegung als besonders „nachhaltig" beworben und klassifiziert werden können, dann handelt es sich bei diesem Begriff eindeutig um einen Indikator für gravierende umweltethische Defizite.

Diese Einsicht wird durch den Blick in eine beliebige Tageszeitung unterstrichen. Dort heißt es über die aktuelle UN-Klimakonferenz in Kattowitz: Die 30000 Teilnehmer aus 96 Ländern wollten ein deutliches Zeichen in Richtung einer Nachhaltigkeitsoffensive setzen. Wieder dieses Unwort, das für maximal umweltschädliches Verhalten steht, denkt unser außerirdischer Gastjournalist. Aber er zweifelt nicht daran, dass eine Konferenz zum Klimaschutz, zu der 30000 Menschen überwiegend per Flugzeug anreisen, um dann weitgehend ohne verbindliche Handlungskonsequenzen wieder abzufliegen, während gleichzeitig die Kohlendioxidemissionen weltweit steigen, völlig zu Recht mit dem Warnbegriff „nachhaltig" indiziert wird. Unser Journalist gewinnt nach diesen Beobachtungen die feste Überzeugung: Nachhaltigkeit ist ein Synonym für umweltethische Verantwortungslosigkeit!

Ganz im Kontrast zu diesem Befund stehen die Begegnungen mit einzelnen Menschen in Deutschland. Eine besondere Bewunderung bringt unser Gast zum Beispiel seiner Zimmervermieterin entgegen. Die 80jährige Dame lebt von einer kargen Rente in einer kleinen Wohnung, deren Mobiliar noch überwiegend aus der Zeit ihres Einzugs vor vielen Jahrzehnten stammt. Ihre Bekannten bedauern sie schon seit langem: Nicht einmal für eine kleine Weltreise habe das Geld in all den Jahren gereicht! Und ein Auto stehe auch nicht vor der Tür. Was diese Bekannten der alten Dame aber nicht sehen und nicht wissen: Durch die regelmäßigen Einkäufe in den Geschäften des Stadtteils erhält sie sich ihre ganz eigene fußläufige Form von Mobilität aufrecht und sie genießt dabei die vielfältigen Kontakte, die ihre soziale Lebenswelt für sie bereithält. Zudem ist sie eine ausgezeichnete Kennerin der Stadtlandschaft, sie hat die besten Tipps für Ausflüge in die Umgebung und weiß genau um die schönsten Winkel ihres Stadtviertels. Unübertroffen ist ihre Geschicklichkeit beim Reparieren alter Sachen und Gebrauchsgegenstände. Für ihren Untermieter steht fest: Diese Dame lebt einfach vorbildlich umweltbewusst! Er beschließt, sie zu fragen, ob sie denn das seltsame Wort „nachhaltig" kenne, das ihm während seiner ökoethischen Bestandsaufnahme in Deutschland immer wieder im Zusammenhang mit Naturzerstörung und Umweltverschmutzung aufgestoßen sei.

Seine Zimmervermieterin verneint: Nachhaltigkeit? Nein, davon habe ich noch nie etwas gehört. Doch dann zögert sie und ergänzt nachdenklich: Allerdings habe ich neulich einen Brief von meinem Wohnungsunternehmen bekommen. Darin wird mir eine Mieterhöhung von fast 30% für die geplante nachhaltige Gebäudesanierung angekündigt. Und dann fällt mir noch eine Bundesministerin ein, die für das Ziel eines nachhaltigen Klimaschutzes darauf drängt, die Mineralölpreise zu verdoppeln. Ich heize zwar nur einen Raum, aber zusammen mit dem starken Anstieg der Miete würde mich das finanziell zugrunde richten und ich wüsste nicht mehr, wie ich meine Wohnung noch halten könnte, wenn diese sogenannten Nachhaltigkeitsvorhaben realisiert werden sollten. Gebannt hört unser Gastjournalist seiner Zimmervermieterin zu. Hätte es noch einer Bestätigung bedurft, um die überaus negative Bedeutung des Wortes „nachhaltig" vollends zu erfassen, hier wäre sie: Wenn ein Mensch wie seine Zimmervermieterin, die ein unter umweltethischen Gesichtspunkten so schlechthin tugendhaftes Leben führt, um der Nachhaltigkeit willen aus ihrer Lebenswelt vertrieben zu werden droht, dann ist dieses Wort „nachhaltig" nicht allein eine Chiffre für ökologische Verantwortungslosigkeit, sondern offenkundig auch das Kennwort für soziale Ungerechtigkeit.

Es bedarf gewiss nicht noch weiterer Episoden, um die Schlussfolgerung, die wir aus dieser Recherche zum Thema Nachhaltigkeit gewinnen können, vorzubereiten: Der Begriff der Nachhaltigkeit ist, man verzeihe die Wortwahl, so nachhaltig instrumentalisiert worden, dass sein ursprünglicher Sinn gänzlich verloren gegangen ist. Selten ist ein Fachterminus, der einmal mit ethischem Fortschritt und Verantwortungsbewusstsein konnotiert wurde, so gründlich zuschanden gemacht worden. Der Soziologe Harald Welzer konstatiert, das Wort Nachhaltigkeit werde „(…) ja schließlich auch für alles benutzt. Wir haben nachhaltige Geldanlagen, nachhaltigen militärischen Erfolg und so weiter. Nachhaltigkeit ist ein vollkommen beliebiges Wort geworden – und einfach auch total unsexy. Damit kann man keine faszinierenden Inhalte bieten." (Welzer 2015)

Doch bleibt es nicht nur bei der inhaltlichen Aushöhlung des Wortes Nachhaltigkeit. Wie die oben angeführten Beispiele gezeigt haben, kommt der Begriff „nachhaltig" häufig dann ins Spiel, wenn es darum geht, das ökonomische Ziel der Profitmaximierung ethisch zu nobilitieren. Was das Siegel der Nachhaltigkeit trägt, ist jedem Zweifel und jeder Kritik enthoben. Der Chemiker Michael Braungart analysiert: „Diese Firmen perfektionieren (mit dem Begriff Nachhaltigkeit – C.T.) ihre Kommunikation, aber nicht ihre Handlungen. In Europa stellt die Nachhaltigkeits-Berichterstattung einen Markt von 7 Milliarden Euro für PR-Berichte und Agenturen pro Jahr dar." (Braungart 2015) Sarkastisch dekuvriert Braungart den Hype um die Nachhaltigkeit als eine kommunikative Überhöhung puren Unsinns. „Dann schauen Sie sich die CSR-Berichte an und lesen: ‚Durch den Druck dieser Broschüre auf Altpapier haben wir 50 Bäume gerettet.' Warum druckt ihr dann nicht doppelt so viele? Dann habt ihr 100 Bäume gerettet." (Braungart 2015) Nachhaltigkeit? Nonsens!

Indes mutet es wie eine bittere Pointe an, wenn sowohl Welzer als auch Braungart ihre Kritik der Nachhaltigkeit als Teilnehmer an einer ausgerechnet von der damaligen „RWE-Stiftung für Energie und Gesellschaft" organisierten Debattenreihe mit dem skeptischen Titel „Nachhaltig und gut?" präsentiert haben. Gleichviel also, ob es um die ideologische Marketing-Instrumentalisierung des Begriffes geht oder ob Nachhaltigkeit dem Verdacht mangelnder wissenschaftlicher Seriosität ausgesetzt oder auch schlicht mit Welzer als „total unsexy" hingestellt werden soll, RWE ist jedenfalls immer mit von der Partie. Was folgt aus alledem? Die notwendige Kritik an der Entstellung des Begriffes Nachhaltigkeit durch Marketing-Kampagnen, bei denen Nachhaltigkeit nur noch als Massenbetrug fungiert, darf nicht dazu verleiten, den Begriff voreilig ganz fallenzulassen. Dann würden wir Gefahr laufen, auch die Ansprüche an unser gemeinschaftliches Handeln, die mit dem Sinn dieses Wortes ursprünglich einhergehen, aufzugeben.

Was aber ist Nachhaltigkeit? Worin besteht sie tatsächlich? Was macht sie aus? Wie können wir einen ethisch legitimen von einem ethisch illegitimen Gebrauch des Wortes Nachhaltigkeit unterscheiden? Auf welche Kategorien oder Kriterien können wir dafür zurückgreifen? Für diese Bestimmungsaufgaben benötigen wir die Hilfe der Philosophie. Jahrzehnte bevor der Begriff Nachhaltigkeit sich der Umweltdebatte bemächtigte, haben Philosophen mit großer Klarheit und Konsequenz die naturethischen Dimensionen nachhaltigen Denkens und Handelns herausgearbeitet, seltsamerweise zumeist ohne sich dieses Begriffes selbst zu bedienen.

Zweites Kapitel: Denker der Nachhaltigkeit

Aus der Fülle der Literatur zur Ethik der Nachhaltigkeit ragt das 1979 von Hans Jonas publizierte Buch „Das Prinzip Verantwortung“ heraus, obgleich – oder womöglich sogar weil – dieses Werk das Wort Nachhaltigkeit noch gar nicht kennt. Jonas macht sich darin an eine Revision des kategorischen Imperativs von Kant für eine „Ethik der Zukunftsverantwortung.“ (Jonas 1984, 91)

Schon Kant hatte in der sogenannten Zweckformel des kategorischen Imperativs von der „Menschheit“ gesprochen: „Handle so, dass du die Menschheit, sowohl in deiner Person als in der Person eines jeden anderen, jederzeit zugleich als Zweck, niemals bloß als Mittel brauchst.“ (Kant 1965, 52) Das weite Wort von der „Menschheit“ impliziert neben dem Respekt vor den Lebenden und den Toten auch die Wertschätzung derjenigen Menschen, die noch in Zukunft leben werden. Sie alle haben einen unbedingten Anspruch auf Anerkennung ihrer Würde. Sie dürfen nicht versklavt werden. Es ist verwerflich, sie auf ein Mittel zur Glücksoptimierung für andere Menschen zu reduzieren. Genau das geschieht aber, wenn die Menschen heute verschwenderisch und rücksichtslos auf Kosten der nächsten Generationen leben. Hans Jonas wird häufig das Verdienst zugesprochen, die konventionelle Ethik erst für diese Zukunftsethik geöffnet zu haben. Genau genommen formuliert Jonas jedoch „nur“ einen bei Kant schon mitschwingenden Gedanken explizit aus, wenn er sagt: „Handle so, dass die

Wirkungen deiner Handlungen verträglich sind mit der Permanenz echten menschlichen Lebens auf Erden.“ (Jonas 1984, 36)

Die neue ethische Norm, die eine präzise Formulierung für einen Imperativ der Nachhaltigkeit darbietet, verpflichtet – unbesehen ihrer persönlichen Form der Ansprache – besonders die politischen Akteure: „Es ist ferner offensichtlich, dass der neue Imperativ sich viel mehr an öffentliche Politik als an privates Verhalten richtet, weil das letztere nicht die kausale Dimension ist, auf die er anwendbar ist.“ (Jonas 1984, 37) Diese Adressierung wird später noch von großer Bedeutung sein, wenn es für uns darum gehen wird, nachzuweisen, wie die Verantwortlichen aus Politik, Wissenschaft und Gesellschaft sich die Herausforderungen der Umweltethik für ihr „Weiter so!“ beliebig zurechtgebogen haben.

Alles was wir zu tun beabsichtigen, soll also nach Jonas daraufhin überprüft werden, ob es mit dem Fortbestand der Menschheit auf Erden vereinbar ist. Für diese Exploration steht mit der „Heuristik der Furcht“ (Jonas 1984, 63) ein unverzichtbares Analyseinstrument zur Verfügung. Sie bricht mit dem überkommenen Fortschrittsoptimismus, indem sie fordert: „(…) in dubio pro malo – wenn im Zweifel, gib der schlimmeren Prognose vor der besseren Gehör, denn die Einsätze sind zu groß geworden für das Spiel.“ (Jonas 1997, 175) Sobald technische Großinnovationen mit unwägbaren Risiken anstehen, soll die Entscheidung über ihre Verwirklichung am Richtmaß der schlechtesten Voraussage gefällt werden. Es ist folglich „unerlaubt (…), auf künftige Wunder der Technik zu rechnen, um sich das Gewagte zunächst einmal zu erlauben.“ (Jonas 1997, 178) Probleme von einem Komplexionsgrad wie der Endlagerung radioaktiver Abfälle, die jedes menschliche Erkenntnis- und Handlungsvermögen übersteigen, wären bei zeitiger Beachtung dieses Prinzips niemals entstanden. Neue unbeherrschbare Probleme, wie sie zum Beispiel aus dem

Fracking für die Trinkwasserversorgung entspringen könnten, wären vermeidbar.

Neben der „Heuristik der Furcht“ führt Jonas das Prinzip der „Frugalität“ ein: „Um die in vollem Lauf begriffene Ausplünderung, Artenverarmung und Verschmutzung des Planeten aufzuhalten, der Erschöpfung seiner Vorräte vorzubeugen, sogar einer menschverursachten, unheilvollen Veränderung des Weltklimas, ist eine neue Frugalität in unseren Konsumgewohnheiten vonnöten.“ (Jonas 1997, 175) Frugalität als Einfachheit, Selbstzurücknahme und Kunst des guten Haushaltens ist die unabdingbare Voraussetzung für eine ökoethische Praxis, die dem Imperativ der Nachhaltigkeit gerecht wird. Nachdem die Wachstumsideologie der Industriegesellschaften aus der Todsünde der Völlerei eine „sozialökonomische Tugend, ja Pflicht“ (Jonas 1997, 175) gemacht habe, müssen die Menschen wieder lernen, ihre Konsumgewohnheiten auf eine neue Bescheidenheit und Genügsamkeit umzustellen, um der Plünderung des Planeten noch Einhalt zu gebieten. – 40 Jahre nach dem Erscheinen des Buches „Das Prinzip Verantwortung“ ist es bestürzend zu sehen, wie weit wir uns inzwischen nicht nur von dem Ziel der Frugalität entfernt haben, sondern sogar in die entgegengesetzte Richtung eines besinnungslos taumelnden, ressourcenverschwenderischen Konsumrausches täglich noch weiter voranstürmen. Die Ignoranz gegenüber Jonas’ Aufruf zur Frugalität verrät, wie es um das vielbeschworene nachhaltige Handeln heute tatsächlich bestellt ist.

Die Entstellung der Zivilisation durch die rastlose und politisch noch forcierte Völlerei beraubt das Dasein der Menschen um die Dimension jener Echtheit, auf die Jonas’ Imperativ der Nachhaltigkeit eigentlich gerade abzielt. Es geht Jonas mitnichten nur um ein bloßes Überleben der Menschheit, sondern um „die Permanenz echten menschlichen Lebens auf Erden.“ (Jonas 1984, 36) Fast könnte man denken, mit dem Wort „echt“ sei ein Wortsplitter des Szenejargons der späten 1970er

Jahre in die erlesene Sprache des Philosophen eingedrungen. Was aber macht echtes menschliches Leben aus?

Gewiss gehört zu ihm die beglückende Erfahrung der Natur als etwas ursprünglich aus sich selbst Gewordenem. In dieser Erfahrung gefällt uns die Natur um ihrer selbst willen. Sie stillt die Sehnsucht des Menschen nach etwas nicht vom Menschen Gemachten. Indem die ästhetische Wertschätzung der Natur das sonst ubiquitäre Nützlichkeitsdenken, durch das alles auf seinen Preis, seinen Geldwert hin taxiert wird, suspendiert, befreit sie so zugleich den Menschen zu sich selbst. Das Erleben der Schönheit der Natur entreißt den Menschen für einige selige Momente der Sorge um die Selbsterhaltung in einer von Effizienz und Profitdenken gestählten Welt. Das Vorhandensein einer noch intakten Natur wird somit zu einer Voraussetzung gelingenden menschlichen Lebens. Für den Philosophen Martin Seel ist deshalb in seiner Konzeption der Naturethik „der moralische Respekt vor der Natur (…) zugleich eine Rücksicht auf die naturbezogene ästhetische Praxis des Menschen." (Seel 1997, 311)

Die unvergleichliche Bedeutung, welche die Natur in ihrer Unverfügbarkeit als Quellgrund einmaliger ästhetischer Empfindungen für den Menschen innehat, bildet bei Seel den Kern der Naturethik. Umgekehrt wird die ethische Wertschätzung der Natur durch die Erfahrung ihrer Schönheit angebahnt, wie der Theologe Martin Rock aufzeigt: „Umweltbewusstsein lebt nicht zuletzt von einem ausgeprägten ästhetischen Sinn: Wer kein ‚Auge' für landschaftliche Schönheit besitzt, der kann für die Erhaltung von Landschaft nicht gewonnen und für den Kampf gegen Landschaftszerstörung nicht mobilisiert werden." (Rock 1983, 93) Was aber, wenn als Folge der Verödung der Gemüter durch die Kulturindustrie und durch die machtvollen Sogkräfte des Internets eines Tages niemand mehr die Erquickung der Seele am munter plätschernden Bächlein oder im erhabenen Buchenwalddom vermisst?

Über die Bestimmung von „echt“ als Möglichkeit einer authentischen Naturerfahrung hinaus geht es Jonas noch um eine weitere, für sein Denken essentielle Dimension: Echtes menschliches Leben zeichnet sich durch Freiheit aus! Und hier hebt die eindringliche Mahnung des Philosophen an. Wenn wir es heute nicht erreichen durch freiwilligen Verzicht, Askese und Selbstdisziplin den Raubbau an der Natur zu stoppen, dann beschwören wir damit eine künftige Ökodiktatur als letzte Alternative zur physischen Vernichtung der Menschheit herauf. Dann wird eine Tyrannis darüber entscheiden müssen, wer mit den knappen Gütern der Natur noch versorgt werden soll und wer nicht. Das wäre dann kein echtes Leben mehr. Naturethik und Umweltbildung sind somit ein Teil der Politikwissenschaft und Demokratietheorie. Freiheit und Demokratie sind unauflöslich an die Voraussetzung einer intakten Umwelt gebunden. Die Umweltkrise impliziert mithin im wachsenden Maße eine Krise der Demokratie.

Wir werden bald sehen, wie die Klarheit, Weitsicht und Konsequenz der Zukunftsethik von Hans Jonas später Stück für Stück wieder zurückgenommen und den Erfordernissen der Wachstums- und Fortschrittsideologie angepasst werden. Dazu kommt es, sobald das Leitbild der Nachhaltigkeit in das Brevier von Politik, Wirtschaft und Wissenschaft aufgestiegen ist und von dort aus den umweltethischen Diskurs der nächsten Jahrzehnte beherrscht.

Bevor wir genauer analysieren, wie das zugegangen ist, gilt es noch eine wichtige Frage aufzugreifen. Es ist die nach dem moralischen Eigenwert der Natur, die für viele frühe Denker der Nachhaltigkeit eine zentrale Bedeutung innehat: „Schuldet der Mensch wirklich nur anderen Menschen Respekt, oder gebührt auch der Natur: der Erde, den Meeren, den Wäldern, den Flüssen, den Pflanzen, den Tieren Ehrfurcht?“ (Krebs 1997, 7) Jonas deutet alles Lebendige als „eine grundsätzliche Selbstbejahung des Seins“ (Jonas 1984, 155) und schreibt ihm damit einen immanenten Wert zu. In seiner Ethik streift er die Konsequenzen dieses naturphilosophischen Gedankens jedoch nur beiläufig, wenn er über eine „Treuhänderrolle“ (Jonas 1984, 29) der Menschen für die nicht-menschliche Natur nachsinnt.

Die Problemstellung, welche der Ruf nach der moralischen Anerkennung der Natur um ihrer selbst willen artikuliert, beleuchtet der Philosoph Robert Spaemann so: „Der Mensch zerstört, wenn er die Natur zerstört, seine eigene Existenzgrundlage. Insofern geht es, wenn es um die Natur geht, stets um den Menschen. Dennoch, oder besser eben deshalb, ist es notwendig, die anthropozentrische Perspektive heute zu verlassen. Denn solange der Mensch die Natur ausschließlich funktional auf seine Bedürfnisse hin interpretiert und seinen Schutz der Natur an diesem Gesichtspunkt ausrichtet, wird er sukzessive in der Zerstörung der Natur fortfahren.“ (Spaemann 2002, 460) Demnach gibt es kein starres Entweder-oder zwischen der Bewahrung der Überlebensgrundlagen für den Menschen und dem moralischen Respekt vor der Natur um ihrer selbst willen. „Die Erhaltung der natürlichen Lebensbedingungen für den Menschen und der Schutz der Natur aus Anerkennung ihres Eigenwertes sind in Wirklichkeit zwei unlösbar miteinander verbundene Momente einer Aufgabe, nämlich der Versöhnung von Mensch und Natur.“ (Tepe 2001, 70) Es fragt sich dann allerdings, wodurch diese Versöhnung zuwege gebracht werden kann. Ist sie die Folge eines Einbekenntnisses der eigenen, leibsinnlichen Naturhaftigkeit des Menschen? Wird sie durch eine neue Wirtschaftsordnung ermöglicht, die den Menschen endlich nicht mehr nur als homo consumens definiert? Für Spaemann ist sie wiederum „nur in einem wie immer begründeten religiösen Verhältnis zur Natur“ (Spaemann 2002, 461) denkbar.

Schon im frühen 20. Jahrhundert hat Albert Schweitzer der Wertschätzung der Natur unabhängig von ihrer Dienlichkeit für den Menschen beredten Ausdruck verliehen. Schweitzers häufig zitierter Satz: „Ich bin Leben, das leben will, inmitten von Leben, das leben will" (Schweitzer o.J.a, 377) betont den ganzheitlichen Aspekt seiner „Ethik der Ehrfurcht vor dem Leben." (Schweitzer o.J.a, 375) In sentenzartiger Zuspitzung wagt sich Schweitzer an eine eindeutige Bestimmung von „gut" und „böse", um die man sich heute im Allgemeinen gerne herumdrückt: „Gut ist, Leben erhalten und Leben fördern; böse ist, Leben vernichten und Leben hemmen. (…). Ethik ist ins Grenzenlose erweiterte Verantwortung gegen alles, was lebt." (Schweitzer o.J.a, 378f.) Der Ethiker fragt nämlich nicht, „inwiefern dieses oder jenes Leben als wertvoll Anteilnahme verdient, und auch nicht, ob und inwieweit es noch empfindungsfähig ist. Das Leben als solches ist ihm heilig. Er reißt kein Blatt vom Baume ab, bricht keine Blume und hat acht, dass er kein Insekt zertritt. Wenn er im Sommer nachts bei der Lampe arbeitet, hält er lieber das Fenster geschlossen und atmet dumpfe Luft, als dass er Insekt um Insekt mit versengten Flügeln auf seinen Tisch fallen sieht." (Schweitzer o.J.a, 379)

Die emphatische Diktion Schweitzers verweist auf persönliches Ergriffensein als Wurzelgeflecht der Ethik. Ihr Wesen – die Hingabe an das Leben – deutet Schweitzer „als Erscheinung eines innerlichen, geistigen Verhältnisses zur Welt" (Schweitzer o.J.a, 375) Das meint: Eine Ethik, die für das Leben einstehen will, kann niemals etwas dem Handelnden Äußerliches bleiben, das den Personenkern unberührt lässt, sie kann nicht etwas sein, das sich in der sachlichen Nüchternheit und kühlen Professionalität eines nachhaltigen Umweltmanagements erschöpft. Dies ist neben der expliziten Ausweitung des moralischen Universums auf alle Lebewesen die entscheidende Einsicht, die Schweitzers Ethik der Ehrfurcht vor dem Leben für die kritische Auseinandersetzung mit der später einsetzenden Karriere des Begriffes Nachhaltigkeit bereithält. Jedoch fehlt bei Schweitzer noch jene unbedingte Zukunftsverpflichtung der Verantwortung, wie sie für Jonas' Ethik so charakteristisch ist. Überdies ist der Preis, den Schweitzer für die grenzenlose Öffnung der moralischen Gemeinschaft zahlt, hoch, denn seine ganzheitliche Ethik kann keine Orientierung geben – und will das ihrer Natur nach auch nicht –, wenn es zu den unvermeidlichen Kollisionen kommt: „Auf tausend Arten steht meine Existenz mit anderen in Konflikt. Die Notwendigkeit, Leben zu vernichten und Leben zu schädigen, ist mir auferlegt. (…). Meine Nahrung gewinne ich durch Vernichtung von Pflanzen und Tieren." (Schweitzer o.J.a, 387) Leben vernichten oder schädigen aber ist prinzipiell böse und dies kann für Schweitzer unmöglich durch den Kompromiss einer Güterabwägung ethisch geheilt werden.

Ist es also ethisch erlaubt, in der Krebsforschung Experimente mit gentechnisch veränderten Mäusen durchzuführen? Ist es ethisch erlaubt, den Lebensraum von Wildtieren durch den Neubau von Entlastungsstraßen und Eisenbahntrassen weiter zu schmälern? Ist es ethisch erlaubt, ästhetisch intakte Landschaftsbilder durch neue Hochspannungsleitungen zu zerschneiden, um eine sichere Energieversorgung zu gewährleisten? Für die Betrachtung solcher Fragen hat Schweitzers Ethik keine Kriterien parat, außer der Auskunft, dass wir uns in jedem Falle schuldig zu machen drohen, was auch zutrifft und der permanenten Besinnung wert ist. Die Stärke von Schweitzers Ethik der Ehrfurcht vor dem Leben liegt in der inneren geistigen Einstellung, der Höhe ihrer Gesinnung. Sie ruft ins Gedächtnis, dass Lebens- und Umweltschutz immer den ganzen Menschen in seinem ganzen Empfinden, Denken und Wollen verlangt. Indes droht diese Persönlichkeit zu einer Attitüde zu erstarren, wenn sie daran scheitert, konkrete Handlungsregeln für ethische Konfliktsituationen zu entwickeln, wie sie zum Beispiel Hans Jonas mit den Prinzipien der Heuristik der Furcht und der Frugalität ausgearbeitet hat. Schweitzer ist sich dieses Makels durchaus bewusst, wenn er mit Blick auf die Tierethik schreibt: „Wer sich ernstlich mit der Frage des Mitleids gegen die Tiere beschäftigt, weiß, dass es leicht ist, im Allgemeinen solches Mitleid zu predigen, aber außerordentlich schwer, Regeln für eine Betätigung in den einzelnen Fällen aufzustellen." (Schweitzer o.J.b, 140)

Wo Schweitzer noch vage bleibt, ist der Philosoph Arne Naess, der mit Schweitzer die Überzeugung vom Ehrfurcht gebietenden Wert allen Lebens teilt, durchaus geneigt, aus dieser Überzeugung eindeutige Handlungsregeln abzuleiten. Nachdem Naess dem „Wohlbefinden und Gedeihen menschlichen und nichtmenschlichen Lebens auf der Erde" (Naess 1997, 188) unabhängig von allen menschlichen Nutzenzuschreibungen für die nichtmenschliche Natur einen absoluten Wert prädiziert hat und diesen in dem „Reichtum und (der) Vielfalt von Lebensformen" (Naess 1997, 188) verwirklicht sieht, gelangt er zu dem ethischen Grundsatz: „Menschen haben kein Recht, diesen Reichtum und diese Vielfalt zu beeinträchtigen, außer um lebensnotwendige Bedürfnisse zu befriedigen." (Naess 1997, 188) Letztere allein rechtfertigen Eingriffe in die Natur und die Fülle ihrer Lebenserscheinungen. Sobald jedoch die „nicht-lebensnotwendigen Bedürfnisse (der Menschen – Hinzufügung C.T.) mit den lebensnotwendigen Bedürfnissen von Nicht-Menschen in Konflikt geraten, müssen die Menschen nachgeben." (Naess 1997, 198) Mit dieser Regel durchbricht Naess die konventionelle Hierarchisierung von Mensch und Natur. Das zeigt nicht zuletzt auch sein Drängen auf eine rigorose Reduzierung der menschlichen Erdbevölkerung um der Biodiversität willen. Naess nennt als Zielvorstellung einen Zahlenkorridor zwischen 100 Millionen und einer Milliarde Menschen. Seine Forderung nach einem substantiellen Bevölkerungsrückgang wird von vielen engagierten Natur- und Umweltschützern mit Vehemenz unterstützt.

Ob diese Forderung aber auch ethisch legitim ist, darf mit Recht bezweifelt werden. Das eigene Leben für eine unausgesprochene Selbstverständlichkeit zu erachten, aber gleichzeitig alles dafür tun zu wollen, künftig nur möglichst wenigen Menschen zum Leben auf der Erde zu verhelfen, das hat den Hautgout der Doppelmoral. Wäre doch die logisch naheliegende Folgerung aus der Klage über die Bevölkerungsexplosion der Aufruf zum kollektiven Suizid, was ethisch mindestens ebenso degoutant ist. Wer aus umweltethisch noch so hehren Motiven für die Verringerung der Erdbevölkerung plädiert, setzt sich damit von vornherein ins Unrecht und zwar aus dem einfachen Grund, weil er selbst lebt.

Besteht mit Naess' Thesen zum Bevölkerungswachstum also ein klarer Dissens, so gebührt seiner „Ökosophie" (Naess 1997, 193) für ein hinreichendes Verständnis von nachhaltiger Entwicklung gleichwohl ein herausragender Platz. Dies ist insbesondere in Naess' Unterscheidung einer nur an Symptomen orientierten Oberflächenökologie von einer auf die Ursachen der Umweltkrise abzielenden Tiefenökologie begründet. Die Oberflächenökologie bleibt ganz der bestehenden Wirtschafts- und Sozialordnung verhaftet, wenn sie versucht, die für den Menschen negativen Folgen der Eingriffe in die Natur mit technischen Mitteln abzumildern. Dagegen will die Tiefenökologie gerade jene ökonomischen, sozialen und technologischen Strukturen verändern, welche die Umweltkrise nach ihrer Expertise erst verursacht haben. Wenn zum Beispiel der Energiekonzern RWE die immensen ökologischen Schäden der Braunkohleförderung durch Renaturierungsmaßnahmen und die Anlage eines mit Rheinwasser gespeisten Sees in einem ausgekohlten Tagebau zu kompensieren verspricht, dann ist dies eine typische Scheinlösung im Sinne der Oberflächenökologie. Die Zerstörung weiträumiger Kulturlandschaften sowie ganzer Öko- und Flusssysteme ist in Wahrheit durch nichts zu kompensieren. Die Bodenqualität der sogenannten renaturierten Flächen fällt deutlich hinter den Wert des unwiederbringlich verlorenen kostbaren Ackerlands zurück. Der versprochene See ist ein geoökologisches Großexperiment mit völlig ungewissem Ausgang. Ganz zu schweigen von den menschlichen

Opfern, die den tausenden Heimatvertriebenen abverlangt werden. Die Oberflächenökologie erweist sich damit als der Versuch einer rein kosmetischen Schadensbegrenzung. Der Schwerpunkt des tiefenökologischen Ansatzes von Naess liegt im Gegensatz dazu „auf der Bekämpfung der tieferen Ursachen für Umweltverschmutzung und nicht einfach nur ihrer oberflächlichen, kurzfristigen Auswirkungen." (Naess 1997, 194) Die Tiefenökologie strebt in unserem Beispiel deshalb die sofortige Abkehr von einer Form der Energiegewinnung an, welche Mensch und Natur irreparable Schäden zufügt. Der Königsweg zu diesem Ziel führt über das, was Hans Jonas Frugalität nannte: Sparsamkeit, Verzicht, Bescheidenheit und kluges Haushalten mit den Energieressourcen könnten die Braunkohleförderung sofort überflüssig machen. Freilich gelänge dies nur im Zusammenhang mit einem gesellschaftlichen Wandel und der geistigen Befreiung aus den Fesseln des Wachstumsdenkens.

Die Tiefenökologie legt den Finger in die Wunde. Die ihr vorschwebenden Veränderungen betreffen „grundlegende ökonomische, technologische und ideologische Strukturen. Der aus ihr resultierende Zustand der Dinge wird entscheidend anders sein als der gegenwärtige." (Naess 1997, 188) Ein wesentlicher Kritikpunkt bezieht sich wie schon für Hans Jonas auf die Wachstumsideologie, in deren Zentrum die hartnäckig vorgetragene und ungeprüfte Behauptung steht, dass die Bedürfnisse der Menschen infinit steigen. Der Wachstumsglaube sieht im Menschen einen niemals satten Verbraucher und Weltverzehrer. Diesem Selbst- und Weltverhältnis will die Tiefenökologie ein Ende bereiten. Ganz in ihrem Sinne fordert der Philosoph Johannes Ernst Seiffert mit einem kritischen Seitenhieb auf die naive Verwendung des Wortes Verbraucherschutz: „Der ‚Verbraucher' ist zunächst und vor allem vor sich selber zu schützen, d.h. ihm ist zu helfen, sich das ‚Verbrauchen', darin er sich selber ‚verbraucht', abzugewöhnen. Zum herausragenden Beispiel den ‚Verzehr' von ‚Billigfleisch'. Der Mensch ist als solcher nicht als ‚Verbraucher', sondern als Gebrauchter gefordert. Er ist für die Welt ‚da', nicht sie zur schrankenlosen Verfügung für ihn." (Seiffert 2002, 13) Die als innovativ gefeierten Spitzenleistungen in industrieller und agrarischer Produktion, die ständige Steigerung der technologischen Effizienz bei der Ausbeutung der Natur werden zu einem großen Teil gegenstandslos, wenn die Bedürfnisse der Menschen schon befriedigt sind, wenn die Menschen aufhören, sich vornehmlich als Verbraucher zu verstehen. Nicht ein neuer, anderer Konsum ist für die Tiefenökologie die Lösung, sondern Konsumverzicht, wo immer es möglich ist.

Die kritische Auseinandersetzung mit der Wachstumsideologie setzt wiederum einen pädagogischen Wandel voraus: „Die Erziehung wird darum der Überbewertung von Dingen, die Preisschilder tragen, entgegenarbeiten." (Naess 1997, 198) Die Fixierung auf den ökonomischen Lebensstandard, die unumgänglich mit der Entwertung der Natur zur Ware, zur bloßen Ressource einhergeht und die individuelle Konsumkapazität zum Gradmesser des sozialen Ansehens erhebt, weicht einer neuen Wertschätzung der Natur, die sich der Erfahrung ihrer Unverfügbarkeit öffnet. Die Erziehung im Sinne der Tiefenökologie bereitet einer neuen Sensibilität für die Nicht-Quantifizierbarkeit von Lebensqualität den Weg.

Für Naess steht völlig außer Frage, dass eine nachhaltige Entwicklung unvereinbar ist mit einer auf „chronifizierten Weltverbrauch" (Seiffert 2002, 13) gegründeten Wirtschaftsordnung. Es wird sich aber nun im nächsten Kapitel zeigen, wie die von der Politik und der Wirtschaft okkupierte Nachhaltigkeitsdebatte der letzten Jahrzehnte mit aller Macht darauf drängt, die substantielle Frage nach einer Wirtschaftsordnung, die zu einem der Natur gemäßen Leben der Menschen passen könnte, von der Tagesordnung zu streichen. Doch damit nicht genug. Im Namen nachhaltiger Entwicklung wird die totale

Unterordnung des Lebens unter das Primat der Ökonomie sogar noch weiter vorangepeitscht.

Drittes Kapitel: Falschmünzer der Nachhaltigkeit

Überblickt man die Geschichte der Nachhaltigkeits- und Umweltschutzinitiativen von den frühen Bürgerprotesten und großen Demonstrationen der 1970er Jahre bis hin zu den Fridays for future, so sind alle engagierten Gruppen von dem Bewusstsein durchdrungen, dass wir in diesem Jahr, heute noch, einfach jetzt sofort umkehren und handeln müssen. Vor diesem Hintergrund erscheinen die UN-Klimakonferenzen wie eine immerwährende Verschiebung des Anfangens. Der Verdacht drängt sich auf, dass Umweltpolitik unter dem Label nachhaltiger Entwicklung den Versuch darstellt, die Spontanität und den Tatendrang der zum Handeln entschlossenen Menschen zu unterlaufen: Nachhaltigkeit als Verzögerungstaktik. Symptomatische Beispiele hierfür sind das von der sogenannten Kohlekommission für 2038 ausgehandelte Ende der Kohleverstromung in Deutschland oder der von der Bundesregierung für frühestens 2030 versprochene Deutschlandtakt im Eisenbahnverkehr. Es ist stets das gleiche: Ankündigungen ersetzen Handlungen, alles soll grundlegend anders und besser werden, nur bitte nicht sofort. Diese Aushöhlung der Umweltethik kommt aber nicht von ungefähr, sondern hängt mit einem Paradigmenwechsel zusammen, der mit dem globalen Siegeszug des politisch so massiv beworbenen Konzepts nachhaltiger Entwicklung einhergeht.

Hans Jonas' Imperativ der Nachhaltigkeit war ganz entschieden auf die Zukunft der Menschheit ausgerichtet: „Handle so, dass die Wirkungen deiner Handlung verträglich sind mit der Permanenz echten menschlichen Lebens auf Erden." (Jonas 1984, 30) Dieser Imperativ schließt für Jonas sogar die Forderung ein, dass wir, die wir heute leben, für das gute, echte Leben künftiger Generationen in Vorleistung treten und persönliche Opfer bringen müssen. Dies erscheint ihm notwendig, um eine die Freiheit der Menschen vollends zerstörende Ökodiktatur noch abzuwenden, die über die Zuteilung der noch verbliebenen Ressourcen autoritär gebieten müsste: „Es liegt an uns, die Notwendigkeit der Tyrannei zu vermeiden, indem wir uns in die Hand nehmen und wieder strenger mit uns selbst werden. Freiwillige Opfer an Freiheit jetzt können die Hauptsache davon für später retten." (Jonas 1997, 181)

Bereits die Brundtland-Kommission der Vereinten Nationen, deren Arbeit gemeinhin als Meilenstein bei der Prägung des Begriffskonzepts nachhaltiger Entwicklung gerühmt wird, schwächt den Aspekt der Zukunftsorientierung bei Jonas zugunsten der heute lebenden Generationen ab, wenn sie definiert: „Sustainable development is development that meets the needs of the present without compromising the ability of future generations to meet their own needs." (WCED 1987, 41) Mit einer fast unmerklichen Akzentverschiebung wird hier im Unterschied zu Jonas eine Gleichrangigkeit der Bedürfnisse der heute existierenden Generationen und der künftig lebenden Menschen konstatiert. Das scheint auf den ersten Blick auch vernünftig zu sein. Es soll darum gehen, den Menschen, die jetzt da sind, gerecht zu werden und dabei zugleich die Lebensgrundlagen der nachfolgenden Generationen nicht zu gefährden. Die Frage ist, ob das tatsächlich möglich ist, ob das im Konfliktfall nicht wieder und wieder auf eine Bevorzugung der gegenwärtig lebenden Menschen hinausläuft. Die Umweltpolitik der vergangenen Jahrzehnte hat darauf inzwischen eine eindeutige Antwort gegeben. Und was sind überhaupt die Bedürfnisse der heute lebenden Menschen? Die philosophische Fokussierung der Verantwortung auf die Zukunft der Menschheit scheint hier tendenziell schon in ihr Gegenteil verkehrt. Gemessen an den strengen Maßstäben der philosophischen Urahnen der Nachhaltigkeit ist zumindest eine Relativierung der Zukunftsverpflichtung der Verantwortung unverkennbar. Zudem verharrt die Definition auf einer völlig anthropozentrischen Ebene. Die Öffnung der Naturethik für einen moralischen Eigenwert des nicht-menschlichen Lebens, gar für eine Ehrfurcht vor dem Leben, wird nicht weiterverfolgt.

Einst hatte Hans Jonas das Wachstumsdogma der Industriegesellschaften mit harten Worten gegeißelt; es habe aus der Todsünde der Völlerei eine sozialökonomische Tugend gemacht. Um die Plünderung des Planeten zu stoppen, plädierte Jonas für das Prinzip der Frugalität. Die Menschen müssen ihre Konsumgewohnheiten auf eine neue Bescheidenheit und Genügsamkeit umstellen. Diesem asketischen Ideal gegenüber präsentiert sich nachhaltige Entwicklung als eine Wachstumsideologie im neuen Gewande. Zum Inbegriff nachhaltiger Entwicklung avanciert die Norm von der gleichwertigen Berücksichtigung ökologischer, ökonomischer und sozialer Aspekte des Handelns, wie sie durch das Nachhaltigkeitsdreieck oder das Drei-Säulen-Modell kreiert wird: „Ausgehend von der Vorstellung einer prinzipiellen Gleichrangigkeit von ökologischen, ökonomischen und sozialen Belangen wird nachhaltige Entwicklung in der Regel aus der Sicht jeder einzelnen Dimension definiert." (Grunwald/Kopfmüller 2006, 51) Doch mit der ökonomischen Dimension werden in Wirklichkeit vor allem die Profitinteressen der ökonomischen Akteure restituiert und nebenbei auch noch zum konstitutiven Element nachhaltiger Entwicklung ethisch geadelt: „Würde Nachhaltigkeit als Innovationsspritze wahrgenommen, die am Kern eines Problems ansetzt und dieses dauerhaft zu lösen versucht, böten sich viele Geschäftschancen. (…). Positiv stimmt, dass eine Vielzahl von Branchen – wie etwa Mobilität,

Architektur, Ernährung – von diesen Veränderungsprozessen bereits ergriffen wurden (…).“ (Pufé 2014, 17)

Geschäftschancen, Innovationsspritze, Branchen – allein schon die Sprache gibt zu verstehen: Hier herrscht das Primat der kapitalistischen Ökonomie. So rechtfertigt denn auch ein börsennotiertes Wohnungsunternehmen seine exorbitanten Mieterhöhungen mit der ökologisch notwendigen nachhaltigen Gebäudesanierung. Und wenn im ÖPNV für die Hin- und Rückfahrt zwischen zwei 40 Kilometer voneinander entfernten benachbarten Städten nicht selten Beförderungsentgelte zwischen 25 € Euro und 30 € Euro fällig sind, so ist das der Preis, den der irgendwann nach 2030 kommende nachhaltige Deutschlandtakt im Schienenverkehr die Fahrgäste bereits heute kostet. Mieten, welche die Mieter aus der sozialen Gemeinschaft verstoßen, Beförderungsentgelte, welche für die Nutzer nachhaltiger Verkehrsmittel der faktischen Abschaffung des Grundrechts auf Bewegungsfreiheit gleichkommen, dies alles und noch viel mehr soll im Namen nachhaltiger Entwicklung gerechtfertigt sein. Selten hat die ungezügelte Profitgier einen solchen Trumpf in die Hand gespielt bekommen.

Die Unterwerfung des Sozialen und der Ökologie unter die Verwertungslogik des Kapitals ist in den theoretischen Konzepten zur nachhaltigen Entwicklung oft schon expressis verbis angelegt: „Ganz gleich, wie die Trennlinie zwischen den drei zentralen Kapitalarten Ökonomie, Ökologie, Soziales gezogen wird – um dem Geiste, Prinzip und Kern von Nachhaltigkeit gerecht zu werden, gilt es stets, alle drei zusammenzuführen, zu verbinden – oder (…) zu ‚integrieren‘.“ (Pufé 2014, 17) Da es sich jeweils nur um drei Spielarten des Kapitals handelt, erfolgt ihre Integration logisch zwingend durch die Kategorie des Kapitals selbst: „Für eine quantitative Konkretisierung der Dimensionen hat sich eine Abgrenzung hinsichtlich unterschiedlicher Kapitalarten bewährt. Das Ziel innerhalb der Handlungsbereiche ist die Vermehrung, zumindest aber der Erhalt von ökologischem, ökonomischem und sozialem Kapital." (Hauff/Schulz/Wagner 2018, 20) Ganz abgesehen davon, dass die Anwendung des Begriffes Kapital auf ökologische Parameter wie zum Beispiel den Erdboden oder den Wasserhaushalt im Grunde absurd ist, nährt dies die Befürchtung, dass zuletzt sogar noch das Trinkwasser oder Regionen mit schadstoffarmer Luft noch weitaus rigoroser als bisher schon eingepreist und besteuert oder privatwirtschaftlich erworben und wiederverkauft werden könnten. Überflüssig zu erwähnen, wie überdies die Anbiederung an die Sprache der kapitalistischen Ökonomie auch noch die letzte Erinnerung an eine Ethik der Ehrfurcht vor dem Leben vertrieben hat.

Wenn der Philosoph Arne Naess das Wohlbefinden und Gedeihen menschlichen und nicht-menschlichen Lebens auf der Erde für in sich selbst wertvoll erklärte, konnte man den Eindruck gewinnen, er spräche von etwas Heiligem. Kann eine Ethik der Nachhaltigkeit ohne dieses Moment wirklich bestehen? Wer den Kapitalbegriff absolut setzt – und sei dies auch nur in metaphorischer Redeweise – kennt zuletzt nur einen einzigen Wert, den des Geldes. Dann ist nichts mehr heilig und unverfügbar, sondern es gibt für alles ein Äquivalent. Dann ersetzt die Kapitalakkumulation das Prinzip Verantwortung und man kann im Emissionshandel sogar ein Recht auf Umweltverschmutzung erwerben. Dann hat die alte Wachstumsideologie abermals den Sieg davongetragen und es ist nur folgerichtig, wenn die „17 Sustainable Development Goals" der Agenda 2030 ein „dauerhaftes, breitenwirksames und nachhaltiges Wirtschaftswachstum" und eine weltweite „breitenwirksame und nachhaltige Industrialisierung" (Hauff/Schulz/Wagner 2018, 42f.) als hochrangige Nachhaltigkeitsziele ausrufen. Nachhaltigkeit wird auf diese Weise zur systematischen Trockenlegung der Naturethik.

Die Überformung der Nachhaltigkeitsdebatte mit den Kategorien der kapitalistischen Ökonomie bringt eine nahezu wahnhafte Fixierung auf das Konsumverhalten der Menschen mit sich. Man hat es fertiggebracht, den homo consumens, der doch im Zentrum aller Umweltprobleme steht, zu deren alleiniger Lösung hochzustilisieren. Der Sinn des menschlichen Daseins erschöpft sich jetzt endgültig im Kaufen. Der Soziologe Zygmunt Bauman bemerkt dazu: „Die Einkaufsliste nimmt kein Ende. Wie lang sie auch immer werden mag, nicht aufgelistet ist die Möglichkeit, auf das Einkaufen zu verzichten." (Bauman 2003, 91) Man muss nur richtig konsumieren, um die Welt zu retten. Alles was wir dazu wissen müssen, wird uns von den Influencern, den Hohepriestern des ökologisch korrekten Konsums eingesagt. Wie bemerkte doch Kant schon so treffend: „Es ist so bequem, unmündig zu sein. Habe ich ein Buch, das für mich Verstand hat, einen Seelsorger, der für mich Gewissen hat, einen Arzt, der für mich die Diät beurteilt, usw., so brauche ich mich ja nicht selbst zu bemühen. Ich habe nicht nötig zu denken, wenn ich nur bezahlen kann; andere werden das verdrießliche Geschäft schon für mich übernehmen." (Kant 1999, 20) Die Frage nach dem guten, gelingenden Leben im Einklang mit der Natur schrumpft auf ein paar armselige Lektionen über das richtige Einkaufen zusammen, die von sogenannten Konsumgöttinnen als finaler Gestalt menschlicher Selbstverleugnung unter das Internet-Volk gebracht werden.

Gewiss wäre es ein Fehler, die Bedeutung einer ökologisch reflektierten Konsumtion für die Sanierung des Mensch-Natur-Verhältnisses zu verkennen, doch die Engführung auf nachhaltigen Konsum „blendet die politische Dimension der Nachhaltigkeit aus." (Grunwald 2012, 14) Wenn der ökologisch korrekte Konsum als das Patentrezept zur Lösung der Umweltkrise hingestellt wird, kommt dies einer Kampagne zur Entpolitisierung gleich: Die Kräfte des Marktes werden alles von selbst regulieren. Richtiges Konsumieren wird zum alleinigen Lebenszweck anstatt eines unter vielen Mitteln zur Bewältigung der Umweltkrise zu sein. Politisch eingreifendes Denken ist stillgelegt. Gesellschaftliches Engagement pervertiert zur unnachgiebigen Stigmatisierung eines jeden, der mit der falschen Tafel Schokolade erwischt wird. Vergessen ist, dass Lebens- und Umweltschutz immer die ganze Persönlichkeit fordert und – wie Albert Schweitzer erkannte – die Frucht einer inneren geistigen Einstellung ist. Ohne philosophisches Fundament verkümmert nachhaltiger Konsum zu einem letztlich austauschbaren Lifestyle.

Der entscheidende Konstruktionsfehler der über den Kapitalbegriff strukturierten Nachhaltigkeitsmodelle liegt darin, auch noch die Sphären des Sozialen und der Ökologie der Verwertungslogik der kapitalistischen Gewinnproduktion einzuverleiben. Während der Philosoph Arne Naess eine der vordringlichsten Aufgaben der Erziehung darin sah, „der Überbewertung von Dingen, die Preisschilder tragen, entgegen(zu)arbeiten“ (Naess 1997, 198), wird jetzt selbst den entlegensten Nischen der Natur und des Lebens ein Preisetikett aufgeklebt. Dabei hätte die Einbeziehung der ökonomischen Dimension in das Drei-Säulen-Modell oder das Dreiklangmodell die Chance geboten, endlich die Rolle des Eigentums an den Produktionsmitteln für die Hemmung bzw. Förderung nachhaltiger Entwicklung genauer zu beleuchten: Was bedeutet es jeweils für die nachhaltige Entwicklung, wenn die staatliche Eisenbahninfrastruktur für den Güterverkehr zugunsten des Speditionsgewerbes irreversibel zerschlagen wurde, wenn kommunale Wohnungsbaugesellschaften verkauft wurden und nun ein börsenorientiertes Unternehmen über Millionen Mietwohnungen verfügt oder wenn auf dem Lande das seit Jahrzehnten andauernde Höfesterben und das ungebremste Größenwachstum der verbliebenen Betriebe die vollkommene Industrialisierung der Landwirtschaft heraufbeschworen haben?

Aber anstatt sich diese entscheidenden Fragen vorzulegen, wird die ökonomische Säule der Nachhaltigkeitsmodelle genutzt, um die ungleiche Verteilung des gesellschaftlichen

Reichtums und deren Folgen zu perpetuieren, wie die Idee einer Steuer auf die Verursachung von Kohlendioxid-Emissionen veranschaulicht. Nachdem versäumt wurde, zuerst die politischen Voraussetzungen für eine Verkehrs- und Energiewende zu schaffen, um dann auf die Einsicht mündiger Bürger zu vertrauen, setzt man nun auf die Gängelung der Bevölkerung und ökonomische Strafmaßnahmen, ohne dass eine brauchbare Infrastruktur zum Beispiel im ÖPNV vieler ländlicher Regionen auch nur ansatzweise existiert. Dabei bleiben ausgerechnet die größten individuellen Auslöser von Kohlendioxid-Emissionen im Prinzip verschont, denn letztere sind zugleich häufig auch besonders wohlhabende Menschen, die somit kaum einen Anreiz haben, ihren Lebensstil und ihr Mobilitätsverhalten einer Revision zu unterziehen. In den reichen Stadtquartieren der Bundesrepublik kommt es nicht selten vor, dass einem Haushalt mit nur zwei Personen drei, vier oder gar noch mehr Kraftfahrzeuge zur Verfügung stehen! Eine Besteuerung von Kohlendioxid-Emissionen erfüllt nur dann elementare soziale Gerechtigkeitsprinzipien, wenn ihre Höhe proportional zum jeweils verfügbaren Einkommen bzw. Vermögen angesetzt wird. Grundsätzlich sind Steuern als erzieherische Maßnahmen der Umweltpolitik ein Mittel dritter Wahl. Die damit verbundene Sichtweise auf menschliches Verhalten ist genauso unterkomplex, wie es das zugrunde liegende wirtschaftswissenschaftliche Modell vom homo oeconomicus ist. Der Theologe Martin Rock betont: „Umweltbewusstsein setzt (…) echte Betroffenheit und innere Überzeugung voraus." (Rock 1983, 89) Das lässt sich nicht durch Steuern evozieren.

Die Konzepte zur nachhaltigen Entwicklung tendieren häufig dazu, die ursprünglichen Impulse und ethischen Herausforderungen der Natur- und Umweltphilosophie abzuschwächen, zu relativieren oder sogar – wie im Falle der Wachstumsideologie – in ihr Gegenteil zu verkehren. Vor diesem Hintergrund verblüfft zunächst, wie bestimmte Teilbereiche der öffentlichen Diskussion gleichwohl von einer offensiven, nahezu totalitären moralischen Tonlage beherrscht werden, die im völligen Kontrast zur verbreiteten Aushöhlung der Ethik im Namen der nachhaltigen Entwicklung zu stehen scheint. Hier sticht insbesondere das gesamte Themenfeld des Veganismus und Vegetarismus hervor. Der allgemeine Rückbau philosophischer Grundlagen in den Nachhaltigkeitsstrategien wird von der moralischen Idolatrie einzelner besonderer Gruppen flankiert.

Um nun Missverständnissen vorzubeugen: Die industrielle Massentierhaltung widerstreitet tatsächlich sämtlichen Prinzipien einer authentischen, philosophisch fundierten Ethik der Nachhaltigkeit, wie wir sie im zweiten Kapitel skizziert haben. Hier ist eine ethische Rechtfertigung undenkbar und es gehört zu den vordringlichsten Aufgaben unseres Zeitalters, dieser Art von Fleischproduktion ein Ende zu bereiten. Tierrechtler wie der Philosoph Tom Regan setzen sich dafür ein, grundsätzlich anzuerkennen, dass den Tieren ein gleiches Recht auf Respekt wie den Menschen zustehe. Damit ziehen sie die Konsequenzen aus den philosophischen Vorarbeiten von Schweitzer und Naess, die über die Ehrfurcht vor dem Leben bzw. über den Eigenwert auch des nicht-menschlichen Lebens so tief nachgedacht haben.

Als Tierrechtsethiker strebt Regan aber nicht nur einen Boykott der industriellen Massentierhaltung an, sondern er will in letzter Konsequenz die Abschaffung der sogenannten Nutztierhaltung im Ganzen erzwingen: „Wir wollen keine ‚artgerechte' Tierhaltung in der Landwirtschaft mit mehr Platz in den Tiergefängnissen, sondern das vollständige Ende des kommerziellen Handels mit dem Fleisch toter Tiere." (Regan 2000) Viele Veganer und Vegetarier verlangen nicht weniger als die Liquidierung der gesamten Kultur der Nutztierhaltung.

Diese radikale Position, noch dazu nicht selten mit dem Impetus turmhoher moralischer Überlegenheit vorgetragen, bringt nun aber für die Tierethik gravierende Probleme mit sich. Sie spaltet nämlich die Allianz derer, die sich aus unterschiedlichen Gründen für die Abschaffung der Massentierhaltung engagieren und nur im gemeinsamen Kampf Erfolg haben können. Die Fürsprecher eines ökologischen Landbaus und einer artgerechten Form der Tierhaltung, die sich allerdings nicht nur in der Erfüllung gesetzlicher Minimalvorgaben erschöpfen darf, verfallen dem Verdikt der rigorosen veganen Moral. Anstatt also vereint mit ökologisch wirtschaftenden Bauern gegen die industrielle Tierproduktion zu Felde zu ziehen, dringt die vegane Bewegung auf eine Kulturrevolution. Sie will mit den sogenannten Nutztieren zugleich einen Großteil der historisch ererbten Kulturlandschaften und die mit ihnen verwachsenen gemeinsamen Lebensformen von Menschen und Tieren aus der Welt schaffen. Im Gegensatz zum Ethikdefizit, das nicht wenigen aktuellen Konzepten nachhaltiger Entwicklung zu bescheinigen ist, liegt hier der umgekehrte Fall einer moralischen Hyperintention mit Perspektivverengung auf ein einziges, mit missionarischem Eifer verfolgtes Handlungsziel vor. Damit aber verspielt die vegane Bewegung weitgehend ihre Bündnisfähigkeit und droht langfristig ihre gesellschaftliche Relevanz einzubüßen.

Freilich wird man den Veganern und Vegetariern ethisch nicht gerecht werden, wenn man in ihrer Unbeirrbarkeit und Unbedingtheit nicht zugleich das Wahrheitsmoment erkennt, gleichsam den Stachel im vermeintlich guten Gewissen der Fleischverzehrer verspürt. Der Veganismus und der Vegetarismus rufen in Erinnerung, dass die vollumfängliche Realisierung einer Ethik der Ehrfurcht vor dem Leben auch für die Nicht-Vegetarier ohne eine grundsätzliche Revision der Praxis ihres Fleischverzehrs und ohne eine tiefreichende Umrüstung der Lebensmittelproduktion nicht zu haben sein wird.

Als einer der prominentesten Vertreter der Tierethik gilt gemeinhin Peter Singer. Der utilitaristische Philosoph erhebt die Leidensfähigkeit eines Wesens zum entscheidenden Kriterium für sein Recht auf moralische Anerkennung: „Wenn ein Wesen leidet, kann es keine moralische Rechtfertigung dafür geben, sich zu weigern, dieses Leiden zu berücksichtigen. Es kommt nicht auf die Natur des Wesens an – die Gleichberechtigung verlangt, dass sein Leiden ebenso zählt wie das gleiche Leiden (…) irgendeines anderen Wesens. Ist ein Wesen nicht leidensfähig oder nicht fähig, Freude oder Glück zu erfahren, dann gibt es nichts zu berücksichtigen." (Singer 1994, 85) In Analogie zum Begriff des Rassismus ächtet Singer die Befürworter einer ethischen Vorrangstellung des Menschen als Speziesisten: „Rassisten verletzen das Prinzip der Gleichheit, indem sie bei einer Kollision ihrer eigenen Interessen mit denen einer anderen Rasse den Interessen von Mitgliedern ihrer eigenen Rasse größeres Gewicht beimessen. (…). Ähnlich messen jene, die ich ‚Speziesisten' nennen möchte, da, wo es zu einer Kollision ihrer Interessen mit denen von Angehörigen einer anderen Spezies kommt, den Interessen der eigenen Spezies größeres Gewicht bei." (Singer 1994, 85f.) Eine typische Erscheinungsform des Speziesismus ist für Singer der bedenkenlose Fleischverzehr gerade in den angeblich hochentwickelten Ländern. Anstoß nimmt Singer nicht allein an der Tötung der Tiere, sondern mehr noch an der Realität der Massentierhaltung: „Tiere werden wie Maschinen behandelt, die Futter in Fleisch verwandeln, und jede Neuerung, die zu einer höheren ‚Konversationsrate' führt, wird einfach übernommen." (Singer 1997, 22) Unmissverständlich formuliert Singer deshalb den ethischen Imperativ: „Um Speziesismus zu vermeiden, müssen wir diese Praxis beenden, und jeder von uns hat die moralische Verpflichtung, diese Praxis nicht mehr zu unterstützen." (Singer 1997, 23)

So unbedingt diesem Appell beizupflichten ist, es bleibt Singers Ethik doch mit einem gravierenden Webfehler behaftet, der überdies für große Teile der Tierethik charakteristisch ist.

Dieses Versagen betrifft den Schutz des menschlichen Lebens. Derselbe Autor, der so beeindruckende und mahnende Worte findet, um uns mit dem Leid zu konfrontieren, das unsere Duldung der Massentierhaltung über die Tiere bringt, räsoniert am Beispiel eines an Hämophilie erkrankten Säuglings über die Tötung behinderter Kinder: „Sofern der Tod eines behinderten Säuglings zur Geburt eines anderen Säuglings mit besseren Aussichten auf ein glückliches Leben führt, dann ist die Gesamtsumme des Glücks größer, wenn der behinderte Säugling getötet wird. (…). Wenn daher die Tötung des hämophilen Säuglings keine nachteilige Wirkung auf andere hat, dann wäre es nach der Totalansicht richtig, ihn zu töten." (Singer 1994, 238) Es ist dieses Plädoyer für den „Infantizid" (Singer 1994, 232), der Vorschlag, behinderten Neugeborenen bis zu einem Zeitpunkt von einem Monat nach der Geburt das Recht auf Leben abzuerkennen, der Singers Ethik unter die Falschmünzer der Nachhaltigkeit einreiht. Die Einheit von Lebensschutz, Umweltschutz und Tierschutz ist hier zerrissen, Schweitzers Grundsatz, dass alles Leben im gleichen Maße schützenswert sei, aufgegeben.

Der Lebensschutz ist der blinde Fleck nicht allein der Tierethik Singers, sondern überhaupt vieler zeitgenössischer Nachhaltigkeitsstrategien. Verwunderlich ist dies nicht. Das Engagement für die Ungeborenen, für die Neugeborenen und ihr Lebensrecht, wie es der Lebensschutz einfordert, ist heute genauso wenig opportun, wie es in Wirklichkeit auch eine Umweltethik ist, die den Fortbestand des menschlichen Lebens auf Erden, also das Leben der Kinder und der noch Ungeborenen, zum höchsten und wertvollsten und durch nichts relativierbaren Handlungsziel erhebt. Wo das Kind als „Urgegenstand der Verantwortung" (Jonas 1984, 234) aus den Augen verloren wird, da kommt der ethische Kompass abhanden: Es ist „das Neugeborene dessen bloßes Atmen unwidersprechlich ein Soll an die Umwelt richtet, nämlich sich seiner anzunehmen. Sieh hin und du weißt." (Jonas 1984, 235)

Viertes Kapitel: Verstehen, was passiert ist

Wir haben gesehen, wie die Rede über Nachhaltigkeit oft von einer Verdrängung und Verkennung der tatsächlichen Aufgaben geprägt ist, welche die Zeit uns stellt. Man setzt auf Appelle und Bildungskampagnen. Man glaubt durch die Erziehung zum ökologisch korrekten Konsum und der damit einhergehenden informellen moralischen Sanktionierung unbotmäßigen Verbraucherverhaltens die Umweltkrise meistern zu können. Doch unter welchen Bedingungen leben eigentlich die Menschen, an die diese großangelegte Nachhaltigkeitspädagogik adressiert ist? Denken wir zum Beispiel an moderne Arbeitsplätze wie einen Callcenter mit seinem vollkommen künstlichen Ambiente oder die oftmals fensterlosen Kaufhöhlen großer Elektronikmärkte. Denken wir an die Bildungseinrichtungen und Schulen im Zeitalter der Digitalisierung und des Internets, dieses ungeheuerlichsten Angriffs, der jemals auf die Seelen der Menschen losgetreten wurde. Denken wir an die uniformen Wohnverhältnisse an der Peripherie der Ballungszentren. Und wie gelangen schließlich die Menschen aus solchen Wohnkäfigen zu ihren Arbeitsplätzen? Das gigantische Raster der Verkehrsinfrastruktur hat die Physiognomie ganzer Städte, Dörfer und Landschaften unkenntlich gemacht. Hier enthüllt sich der Kern der ganzen Wachstumsideologie, „wenn das Wachstum nur noch aus Autos besteht und Straßen für diese Autos.“ (Böll 1979, 137) Das ist die totale Autogesellschaft, in welcher der Mensch erst durch den Besitz eines Führerscheins zum vollwertigen und anerkannten Mitglied der Gemeinschaft wird.

Arbeiten, Wohnen und Mobilität vollziehen sich für viele Menschen in den Formen einer Massenmenschenhaltung. Und diese Menschen sollen jetzt bereit sein für die große Nachhaltigkeitsoffensive, für die kritische Auseinandersetzung mit der industriellen Massentierhaltung? Sie sollen kämpfen für den Erhalt von Eigenart, Vielfalt und Schönheit der Natur? Gerade diese Erfahrungsdimensionen sind doch in ihrem Leben radikal abgeräumt worden: „Woher soll dem heranwachsenden Menschen Ehrfurcht vor irgend etwas kommen, wenn alles, was er um sich sieht, Menschenwerk, und zwar sehr billiges und hässliches Menschenwerk ist?“ (Lorenz 1973, 28) Von Menschen, die in derartigen Arbeits- und Wohnverhältnissen leben müssen, vielleicht sogar auch leben wollen, ist kaum eine substantielle Einstellungsveränderung hinsichtlich des Mensch-Natur-Verhältnisses zu erwarten. Vielmehr scheinen sich in den Verwundungen der äußeren Natur die vielfachen Entstellungen der inneren menschlichen Natur nur widerzuspiegeln. So nimmt die Natur- und Umweltethik ihren Ausgangspunkt bei der entscheidenden Frage: Wie leben die Menschen? Neu ist diese Frage keineswegs. Jedoch ist sie im Nachhaltigkeitsdiskurs der letzten Jahrzehnte mit seiner pragmatischen Orientierung an der bestehenden Einrichtung der Gesellschaft und ihrer Wirtschaftsordnung kaum noch vernehmbar gewesen. Beim Menschen und seiner Art zu leben liegt aber der Schlüssel für alles nachhaltige Denken und Handeln.

Callcenter und Elektronikmarkt sind die Endprodukte einer langen Geschichte der Entwertung des Menschen. Wie konnte es so weit kommen? Die Entdeckung der Analogie zwischen der Verwüstung der Welt und der Selbstentfremdung des Menschen war nicht erst der Kulturkritik des 20. Jahrhunderts vorbehalten. Schon in seiner im Jahr 1755 erschienenen Schrift „Über den Ursprung der Ungleichheit unter den Menschen“

hatte Rousseau mit prophetischer Sprachgewalt ein Szenario der Naturzerstörung beschrieben, das angesichts seiner ebenso verblüffenden wie bestürzenden Aktualität etwas ausführlicher zitiert werden soll: „Betrachtet man auf der einen Seite die ungeheuren Schöpfungen des Menschen: die vielen Wissenschaften, die er vertieft, die vielen Künste, die er erfunden hat, die vielen Kräfte, die er benutzt hat, die Abgründe, die er zugeschüttet und die Gebirge, die er vollkommen eingeebnet hat, die Felsen, die er zertrümmert, die Flüsse, die er schiffbar gemacht hat, den Boden, den er urbar gemacht, die Seen, die er abgegraben und die Sümpfe, die er getrocknet hat, die riesigen Gebäude, die er auf der Erde errichtet, das Meer, das er mit Schiffen und Matrosen übersät hat – untersucht man dann auf der anderen Seite mit einigem Nachdenken die wahren Vorteile, die aus alldem für das Glück der menschlichen Gattung hervorgegangen sind, so kann man nur erschüttert sein über das erstaunliche Missverhältnis, das zwischen diesen Dingen herrscht.“ (Rousseau 1995, 109ff.) Wann ist jemals die Verunstaltung der Natur durch Menschenhand mit so eindringlichen Worten beschrieben worden? Dieser Text aus der Mitte des 18. Jahrhunderts gelangt gleichsam als eine philosophische Flaschenpost zu uns. Man könnte meinen, Rousseau hätte den Zustand der Erde heute vor Augen gehabt.

Aber es ist nicht allein die unübertroffene Anschaulichkeit von Rousseaus Klage über die von Menschen angerichtete Naturzerstörung, sondern auch der Zusammenhang, den der Philosoph zwischen dem gigantischen Ausmaß der Naturbeherrschung durch den Menschen und dem „Glück der menschlichen Gattung“ erkennt. Und dieser Zusammenhang ist für ihn genau umgekehrt als es der Fortschrittsoptimismus der Aufklärung, der bis in unsere Tage hinauf anhält, vermuten lässt. Das Projekt der systematischen Naturbeherrschung durch den Menschen macht das Lebensglück der Menschen zunichte – allem Reichtum und Wohlstand zum Trotz. Das Aufsehen erregende an Rousseaus Zivilisationskritik ist seine Entdeckung, dass die wissenschaftlich-technische Unterwerfung der äußeren Natur mit einem Selbstverlust des Menschen einhergeht. Seine These ist: „In dem Maß, in dem unsere Wissenschaften und Künste zur Vollkommenheit fortschritten, sind unsere Seelen verderbt worden." (Rousseau 1995, 15) Für das Unheil, das mit der modernen Zivilisation über die Menschen und ihr Lebensglück gekommen ist, findet Rousseau eine ebenso beredte Sprache wie für die Wunden, die der Natur geschlagen wurden: „Heutzutage (...) herrscht in unseren Sitten eine verächtliche und täuschende Uniformität. Alle Geister scheinen aus derselben Form gegossen zu sein. (...). Man wagt nicht mehr als der zu erscheinen, der man ist. Unter diesem fortgesetzten Zwang werden die in die gleiche Lage versetzten Menschen, die jene Herde bilden, die man Gesellschaft nennt, alle dieselben Dinge tun, wenn nicht mächtigere Motive sie davon abhalten. Man wird nie wissen, mit wem man es zu tun hat. (...). Keine aufrichtigen Freundschaften mehr, kein wirkliches Ansehen, kein gegründetes Vertrauen. Verdächte, Argwohn, Furcht, Kälte, Reserve, Hass, Verrat verbergen sich ständig unter dem gleichaussehenden und scheinheiligen Schleier der Höflichkeit – hinter jener so gepriesenen Urbanität, die wir der Aufklärung unseres Jahrhunderts verdanken." (Rousseau 1995, 11ff.)

Wiederum reibt man sich erstaunt die Augen, wie schonungslos Rousseau die Mechanismen des gesellschaftlichen Konformismus und das Leiden an ihm offenlegt. Erneut vermeint man in seiner historischen Beschreibung den Widerschein gegenwärtiger Verhältnisse zu erkennen. Autos, am besten ein SUV, Massentourismus und Flugreisen, jede technische Innovation, die auf den Markt kommt – fast alle machen mit, alle streben ihren Besitz an. Der unerbittliche Zwang zum Funktionieren im Arbeitsleben tut sein Übriges. Dazu gesellt sich das unaufhörliche Plärren der Nachrichten und Infowellen, die das Bewusstsein kanalisieren und anästhesieren.

Auf dem Weg zum nachhaltigen Denken können wir von Rousseau lernen: Die Zerstörung der äußeren Natur korreliert mit einer Korrumpierung der menschlichen Natur durch die Einrichtung der Gesellschaft. Um das Mensch-Natur-Verhältnis zu heilen – äußerlich wie innerlich – ist es deshalb notwendig, das gesellschaftliche Zusammenleben grundlegend neu zu ordnen und einen neuen Gesellschaftsvertrag zu schließen. Diese Konsequenzen scheuen die zeitgenössischen Nachhaltigkeitsstrategien. Sie wollen nicht sehen, wie die Umweltkrise im Kern eine Krise des menschlichen Selbstverständnisses und der Formen des gemeinschaftlichen Lebens ist.

Wie sind die Menschen zu dem geworden, was sie heute sind? Da wird gerne auf die sogenannte Globalisierung verwiesen. Was aber bedeutet Globalisierung? Diese Frage hat der Schriftsteller Stefan Zweig schon vor bald 100 Jahren mit seinem höchst instruktiven Essay „Die Monotonisierung der Welt“ untersucht. Zweig konstatiert: „Alles wird gleichförmiger in den äußeren Lebensformen, alles nivelliert sich auf ein einheitliches kulturelles Schema. Die individuellen Gebräuche der Völker schleifen sich ab, die Trachten werden uniform, die Sitten international. Immer mehr scheinen die Länder gleichsam ineinandergeschoben, die Menschen nach einem Schema tätig und lebendig, immer mehr die Städte einander äußerlich ähnlich.“ (Zweig 2004, 80) Der Schwund der Biodiversität geht mit einem Verlust kultureller Vielfalt und Individualität einher. Der Photograph Karel Plicka zum Beispiel konnte noch über die slowakische Volkskunst aus der Zeit vor der erst spät einsetzenden Industrialisierung des Landes schreiben: „Die lebendigen Traditionen in ihren mannigfaltigen Äußerungen sind der Duft und der Gesang der slowakischen Landschaft.“ (Plicka 1955, 6) So waren die oft von Tal zu Tal, von Dorf zu Dorf verschiedenen Trachten in ihrer Schönheit und ihrer Symphonie der Farben ein Abglanz der die Menschen umfangenden Landschaft, eine ästhetische Ausdrucksform der Einheit von Mensch und Natur. Dem hat die Globalisierung - oder mit Zweig gesprochen die Monotonisierung - allerorten ein radikales Ende bereitet. Mit der Vielfalt der Trachten ist zugleich auch die Sensibilität der Menschen für das Besondere eines spezifischen Naturraums verloren gegangen.

Was sich im Niedergang der Trachten manifestiert, beobachtet Zweig auch auf verwandtem ästhetischen Terrain wie dem Tanz oder der Mode. Überall registriert Zweig eine „unermessliche Gleichzeitigkeit über alle Länder und Sprachen hin", eine „vollkommene Aufhebung jeder individuellen Note" (Zweig 2004, 80f.), Tendenzen, die durch die seinerzeit neuen Massenmedien des Radios und des Kinos noch kräftig befeuert wurden. Am Rande seiner Auseinandersetzung mit der allumfassenden Monotonisierung und ihren schnelllebigen Modernisierungsschüben lässt Zweig eine Bemerkung fallen, die bereits direkt zum Schlüsselthema der Ressourcennachhaltigkeit vorstößt: „Und da alles auf das Kurzfristige eingestellt ist, steigert sich der Verbrauch." (Zweig 2004, 81) Für uns ist jetzt zunächst aber von herausragendem Interesse, welche Auswirkungen die vor allem technisch induzierte Uniformierung der Welt für Zweig auf die menschliche Psyche hat: „Es ist (...) in allen diesen neuen technischen Wundern eine ungeheure Ernüchterung des Seelischen, eine gefährliche Verführung zur Passivität für den einzelnen." (Zweig 2004, 81) Dieses Fazit enthält auch noch im zweiten und dritten Jahrzehnt des 21. Jahrhunderts den Nukleus für ein überaus stichhaltiges Psychogramm des modernen Menschen. Der selbstverständliche Gebrauch von Navigationsgeräten zum Beispiel läuft auf einen vollkommenen Verlust des Orientierungssinnes, des Gespürs für Raum und Landschaft hinaus. Und das Internet – ist es nicht die große Allmachtssuggestion der in Wahrheit Machtlosen, ein höchst effektives, beinahe unwiderstehliches gesellschaftliches Quietiv?

Die „Verführung zur Passivität", die Zweig als die Gemeinsamkeit aller Beschleunigungsmittel der Monotonisierung ausmacht, besteht darin, „Vergnügen zu bieten, ohne Anstrengung zu fordern. Und ihre nicht zu besiegende Stärke liegt darin, dass sie unerhört bequem sind." (Zweig 2004, 82) Der Philosoph Theodor W. Adorno fand einige Jahre später für dieses Phänomen den Begriff der Kulturindustrie. Amüsement und Entertainment rund um die Uhr sind die Waffen der Kulturindustrie. Ihre Wirkung auf den Geist und die Urteilskraft der Menschen ist verheerend: „Selbständigkeit in der Lebensführung und selbst im Genuss des Lebens bedeutet jetzt nur so wenigen mehr ein Ziel, dass die meisten es nicht mehr fühlen, wie sie Partikel werden, mitgespülte Atome einer gigantischen Gewalt." (Zweig 2004, 82) Adorno wird später alles auf die knappe Formel bringen: „Vergnügtsein heißt Einverstandensein." (Horkheimer/Adorno 1988, 153)

Warum geben wir dem ernüchternden Refrain der Kulturkritik in einem Traktat über nachhaltige Entwicklung so breiten Raum? Es kann nicht unser Ziel sein, in die mitunter selbstgerechte Überheblichkeit, mit der die Kulturkritik die geistig-seelische Verunstaltung des Menschen anprangert, einzustimmen. Doch lassen sich die Chancen für nachhaltiges Denken und Handeln nur dann realistisch einschätzen, wenn wir die Lebenssituation derjenigen Menschen kennen, die – emphatisch formuliert – für die Aufgabe bestimmt sind, an der Versöhnung von Mensch und Natur mitzuwirken. Es geht also darum, uns selber besser kennenzulernen, zu verstehen, was mit dem Menschen im Zeitalter des unaufhaltsam voranstürmenden Fortschritts passiert ist. Dies wird nirgends anschaulicher als in dem Niedergang, den das Dorf in den vergangenen Jahrzehnten erlitten hat.

Die Vorfahren der heute in Deutschland lebenden Menschen waren ganz überwiegend Bauern, die über Jahrhunderte in einer wie immer auch prekären Gemeinschaft mit Tieren unter einem Dach gelebt haben und deren Nachfahren innerhalb von nur wenigen Jahrzehnten in eine vergleichsweise völlig künstliche Umgebung hineingestellt worden sind. In seinem 1978 veröffentlichten Buch mit dem aufschlussreichen Titel „Umbau – Land und Leute" beschreibt der Germanist Wilhelm Gössmann die letzte Etappe dieses Modernisierungsprozesses: „Langsam zerstören sich die Dörfer selbst, werden von innen und außen zerstört. Sie bieten einen kulturpolitisch verheerenden Anschauungsunterricht." (Gössmann 1978, 86)

Die Chronologie der Zerstörung beginnt mit einem Rückgang der Artenvielfalt und dem damit einhergehenden Verlust der landschaftlichen Schönheit. Diese Entwicklung setzt bereits ein, lange bevor die Tiere von den Weiden verschwinden und die letzten Bauern im Dorf aufgeben. In seiner 1946 publizierten Autobiographie „Der versunkene Garten" vergleicht der Priester Augustin Wibbelt den Zustand seiner heimatlichen westfälischen Kulturlandschaft, so wie sie sich ihm gegen Ende seines Lebens darbietet, mit den Erinnerungen aus seinen Jugendjahren. Dabei gelangt er zu folgendem Ergebnis: „Das Nützlichkeitsdenken sollte den Schönheitssinn nicht völlig ertöten. Dann wäre die Heimat nicht so sehr verschandelt worden durch Ausroden der Wallhecken und der Waldungen und durch das Niederschlagen der stattlichen Baumgruppen in den Weidekämpen, die dem Vieh im heißen Sommer Schutz boten und eine besondere Zierde der Landschaft bildeten. Das Land wird immer kahler und eintöniger (…)." (Wibbelt 1969, 15f.) Minutiös erfasst Wibbelt mit den Augen eines Landschaftshistorikers und Landschaftsökologen die stetige Verringerung der Artenvielfalt: „Ganze Pflanzenfamilien sind ausgestorben, auch die Tierwelt und die Vogelwelt hat sich vermindert. Der tropisch bunte Eisvogel, der wie ein blauer Blitz über das Wasser schießt, ist selten geworden, ebenso die Wasserhühnchen; der Wiedehopf, der früher sein lustiges Huphup im Walde erschallen ließ, hat uns seit Jahren verlassen (...). Auch die zierliche Bachstelze mit dem langen wippenden Schwanze, die früher fast hinter jedem Pfluge herlief, sieht man fast gar nicht mehr. Selbst die Schwalben nehmen ab." (Wibbelt 1969, 14) Als Wibbelt diesen beunruhigenden Befund verfasste, schien die Kultur der bäuerlichen Familienbetriebe äußerlich noch intakt, ja sie erlebte in den Nachkriegsjahren sogar noch eine letzte Scheinblüte.

In einem dezent elegischen Ton schildert nun Gössmann am Beispiel eines Gehöftes den bald darauffolgenden Zusammenbruch der Welt des Dorfes, besonders den Fortgang der Tiere aus dem Leben der Menschen: „Eines Tages waren die Kühe verkauft, die blanken Ketten lagen hinter den Trögen, auf dem Hof lag Stroh, das die Kühe beim Verladen mit herausgeschleppt hatten. Man konnte denken, sie seien auf der Weide. (...). Die Mutter war von dem Verkauf der Kühe völlig überrascht worden, unvorbereitet wurde sie vor die Tatsache des Abtransportes gestellt. Sie holte oben aus ihrem Schlafzimmer eine Flasche Weihwasser (...) und schüttete es den Kühen über die Hörner, jeder Kuh einzeln, sobald sie aus dem Stall herauskam. So hatte sie es immer bei dem ersten Weideaustrieb getan. (...). Das Haus blieb liegen, als sollte es mit der Zeit verfallen. Dachpfannen wehten ab, an verschiedenen Stellen regnete es durch. Das Land und die Weiden verpachtet, auch die Ackergeräte blieben liegen, wo sie lagen." (Gössmann 1978, 62f.) Schon eine Generation zuvor registriert Augustin Wibbelt deutliche Veränderungen in der Lebens- und Arbeitsweise der Bauern und gewinnt den Eindruck als sei „die Liebe zu den getreuen Haustieren durch den Geist des Merkantilismus bedenklich geschwächt worden, als sei die bäuerliche Arbeit durch starke Mechanisierung großenteils entseelt worden, als habe sich die Maschine viel zu sehr zwischen den Bauer und die Natur gedrängt und habe begonnen, den naturnahen Stand langsam der Natur zu entfremden." (Wibbelt 1969, 13)

Es ist wichtig, die Trauer und den Schmerz, welche durch diese Zeilen durchschimmern, auf sich wirken zu lassen, um den Verlust zu ermessen, den der Umbau von Land und Leuten für die Mehrzahl der Menschen gebracht hat. Gössmann, dem nichts ferner liegt als das alte Dorf in einer nostalgischen Rückschau zu verklären, bilanziert nüchtern: „Bald wird es keine Dörfer mehr geben, nur noch bebaute Großraumflächen. In Landschaftsschutzgebieten wird die Vergangenheit konserviert, für Touristen attraktiv gehalten: Das Dorf – eine versunkene Pfahlbautenkultur." (Gössmann 1978, 72)

Dieses „Bald", von dem Gössmann 1978 spricht, ist heute weitgehend Wirklichkeit geworden. Das Dorf, eine schon zu seinen Hochzeiten zerbrechliche, zwiespältige Utopie des Lebens in und mit der Natur, ist unwiederbringlich verloren. Ein Vergleich jener Dorfansicht, die Gerhart Hauptmann seinem 1903 uraufgeführten Schauspiel „Rose Bernd" voranstellt, mit den agrarindustriellen Siedlungskomplexen von heute offenbart nochmals das ganze Ausmaß des Zerstörungsprozesses: „Eine ebene, fruchtbare Landschaft. Klarer, sonnig warmer Morgen im Mai. Schräg von links nach rechts und aus dem Mittelgrunde nach vorn verläuft ein Feldweg. Die Felder zur Rechten liegen ein wenig höher als dieser. Am weitesten nach vorn ein kleines Fleckchen Kartoffelland, über dem das grüne Kraut schon sichtbar ist. Ein kleiner blumiger Graben trennt Weg und Feld, links auf der etwa mannshohen Böschung ein alter Kirschbaum, rechts Haselnuss- und Weißdornbüsche; ungefähr parallel mit dem Wege und in ziemlicher Entfernung hinter ihm wird durch Weiden und Erlen der Lauf eines Baches bezeichnet. Vereinzelte Gruppen alter Bäume geben der Landschaft etwas Parkartiges. Links im Hintergrund zeigen sich die Dächer und der Turm eines Kirchdorfes zwischen Büschen und Baumwipfeln. Rechts vorn am Weg Kruzifix." (Hauptmann 1985, 7) Nun ist für Hauptmann diese vermeintliche Idylle die szenische Hintergrundfolie für das Leid, das seiner Protagonistin von den Bewohnern genau dieses Dorfes angetan wird.

Für unser Erkenntnisinteresse jedoch transportiert Hauptmanns dichterische Beschreibung die landschaftliche Schönheit und Vielfalt eines durchschnittlichen dörflichen Lebensraumes um 1900. Fast nichts davon konnten die Menschen über die Jahrzehnte pflegen und an nachfolgende Generationen weitergeben. „Die Realität ist ein Nicht-Ort geworden, arm, wüstenartig, ohne Vision und Liebe" (Hayer 2014, 9), können wir mit dem Germanisten Björn Hayer ausrufen, wenn wir auf die außerurbanen flurbereinigten Zonen blicken mit ihren völlig überdimensionierten Mastställen und ihrer brutal funktionalen Straßenverkehrserschließung als den alles dominierenden Strukturelementen. Martin Rock hebt den völlig artifiziellen Charakter solcher Umgebungsräume hervor: „In der heutzutage instrumentell, maschinell und apparatenhaft ausgestatteten Umwelt kommen natürliche Ordnungselemente nicht mehr zum Zuge." (Rock 1983, 84) Immer wieder muss man sich vor Augen halten, wie diese Verweigerung einer gestaltenden Landschaftsästhetik die Menschen, die an solchen Orten gewohnheitsmäßig leben, prägt und sie ihrer geistig-seelischen Maßstäbe für Schönheit und Natürlichkeit beraubt.

Doch ist der Niedergang des Dorfes nicht allein ein ästhetisches Phänomen, denn „mit Agrikultur fängt schließlich alles geistige Leben an" (Tank 1959, 16), wie Gerhart Hauptmann einmal in einem Gespräch kundtat. Der Untergang des Dorfes geht mit einer totalen Enteignung des Menschen von dem Wissen und Können einher, das die dörfliche Subsistenzwirtschaft der Bauern und Handwerker mit sich brachte. Die Kenntnisse und Fertigkeiten zur Produktion von Nahrungsmitteln, Rohstoffen und Energien waren gleichsam ein allgemeines bäuerliches Bildungsgut.

Dieses ist den Menschen mit der Auslöschung des Dorfes als Folge des Höfesterbens nahezu vollständig abhandengekommen. Mit jeder verloren gegangenen Qualifikation zur Bewirtschaftung und Pflege der Natur sind die Menschen tiefer in die Abhängigkeit von den Makrostrukturen industrieller Versorgungskomplexe geraten, die sich schließlich vollends ihrer Kontrolle entziehen. Das ist die geschichtliche Stunde des homo consumens. Zweifellos hat eine Renaissance des Dorfes also eine herausragende Bedeutung für die sogenannte Nachhaltigkeitswende inne, die in aller Munde ist. Indes wird das alte Dorf, wie wir es gerade in seinem Verfall inspiziert haben, so wohl niemals wiederkommen. Welche Lebensformen werden künftig seine Funktion als Kulturträger übernehmen? Zeichnen sich irgendwo die Konturen des neuen Dorfes ab?

Zunächst ist die Regenerationsfähigkeit der verkümmerten traditionellen Dörfer doch nicht zu unterschätzen. Das wird häufig gerade dann deutlich, wenn noch der letzte kleine Supermarkt im Dorf wegen mangelnder Renditeaussichten stillgelegt wird. Um die Versorgung mit Gütern des alltäglichen Bedarfs dennoch vor Ort zu gewährleisten, ergreifen die verbliebenen Einwohner die Initiative und übernehmen den Laden in Eigenverantwortung auf genossenschaftlicher Basis. Aus einer bloßen Anlaufstelle zur Lebensmittelversorgung wird so unversehens wieder ein sozialer Mittelpunkt des Dorfes. Sollte dieses Modell Schule machen und die Idee des gemeinschaftlich geführten Geschäfts noch auf andere klassische Komponenten einer Landgemeinde überspringen, zum Beispiel auf die Neugründung landwirtschaftlicher Betriebe und Werkstätten des Handwerks, käme diese Emanzipation von einer nur auf Gewinnproduktion fixierten Wirtschaftsordnung einer echten Renaissance des Dorfes gleich.

Deutlich in die Zukunft weist auch das Modell der Wagenplätze, Wagendörfer oder Wagenburgen. Das sind Bauwagen-Kolonien, die sich gerne in einem städtischen Umfeld auf häufig nicht erschlossenen Grundstücken ansiedeln. Es sind kleine neue Dörfer in oder am Rand der Städte, deren Bewohner großen Wert auf einen Lebensstil legen, der ihnen die Emanzipation von den Konsumzwängen gestattet, denen die Nutznießer der ambivalenten Errungenschaften von Zivilisation und Wohlstand in den städtischen Quartieren nicht weniger als auf dem Land gemeinhin unterworfen sind. Die Präferenz für eine selbstbestimmte unabhängige Lebensweise wird auch in der konsensorientierten (einstimmigen) Form der Entscheidungsfindung erkennbar, mit der die Bewohner des Wagendorfes ihre gemeinschaftlichen Angelegenheiten aushandeln. Darin scheint die Idee eines neuen Gesellschaftsvertrages auf.

Aus ökoethischer Perspektive sind die Wagendörfer mitunter der Nachhaltigkeits-Hotspot schlechthin, wie ein Beispiel illustrieren mag. Bei dem Besuch eines Wagendorfes konnte sich der Verfasser persönlich von dem zutreffenden Charakter der folgenden Darstellung überzeugen: „Aufgrund von Stromeigenversorgung durch Photovoltaik-Anlagen, eines sehr geringen Trinkwasserverbrauches durch die Nutzung von Regenwasser und einer Kompost-Trockentoilette sowie des Heizens bevorzugt mit unbehandelten Holzabfällen ist unsere Lebensweise äußerst Ressourcen-sparend und nachhaltig. Sie lässt der Natur viel Raum zur Entfaltung. Die Eingriffe, die wir auf der Fläche vornehmen, sind minimalinvasiv. So konnten im Laufe der Zeit diverse Habitate entstehen, welche in gängigen Stadtgärten wenig bis nicht vorhanden sind.“ (WABOS 2019, 6) Pracht und Fülle des freien Pflanzenwuchses verleihen dem Ort eine paradiesähnliche Naturschönheit, wie sie sonst kaum zu sehen und zu erfahren ist. Unvermittelt erfüllt die Seele beim Begehen der Wagenburg ein Gefühl innerer Befreiung und Geborgenheit in naturnaher Landschaft. Doch solches Glück ist fragil, sein Bestand hochgefährdet: Wenn die Wagendörfer fast allerorten durch kommunalpolitische Eingriffe in ihrer Existenz bedroht sind, ist dies ein weiterer klarer Indikator dafür, dass Nachhaltigkeit im politischen Jargon nichts anderes als eine hohle Phrase ist.

Wen die starken naturethischen Argumente, die für die Lebensform der Wagendörfer sprechen, nicht überzeugen, der mag sich zumindest auf das folgende Gedankenexperiment einlassen: Was würde passieren, wenn eines Tages infolge einer unvorhersehbaren Katastrophe die Städte plötzlich von der Stromversorgung abgeschnitten wären und durch die Zerstörung der Autobahnen auch nicht mehr mit Nahrungsmitteln und Bedarfsgütern versorgt werden könnten? Wer hätte die größeren Chancen, den ersten Winter zu überleben? Die Konsumspezialisten der Städte oder die Bewohner der Wagendörfer, die wie einst die Bauern und Handwerker der alten untergegangenen Dörfer im geistigen Besitz der elementaren Kulturtechniken des Lebens und Überlebens sind?

Fünftes Kapitel: Hinaus aufs Feld!

Das Bild des versehrten Menschen, wie wir es im letzten Kapitel skizziert haben, verdeutlicht, wo wir ansetzen müssen: beim Menschen selbst, bei seiner Art zu leben. Ohne Zweifel ist ein Aspekt der geistigen Invalidität des Menschen sein Glaube, alle existentiell drängenden Probleme mit Hilfe von Wissenschaft und Technik rasch lösen zu können. Ja, vielleicht ist sogar schon die philosophische Attitüde, mit welcher der Mensch der Natur einen Wert zuschreibt, denken wir da zum Beispiel an die Ökosophie von Arne Naess, ein Symptom seiner Versehrtheit. Fast unmerklich nämlich rückt bei dieser Übung der Mensch erneut in das Zentrum des Daseins, denn er ist dann der Herr über Wert und Unwert, er verkörpert diejenige Instanz, die einen Wert erkennt, zuteilt oder auch aberkennt. Deshalb versetzt der Philosoph Martin Heidegger allen ethischen Bemühungen einer Rettung von Natur und Mensch durch deren Erhebung zu Werten eine scharfe Absage: „Vielmehr gilt es endlich einzusehen, dass eben durch die Kennzeichnung von etwas als ‚Wert' das so Gewertete seiner Würde beraubt wird. Das besagt: durch die Einschätzung von etwas als Wert wird das Gewertete nur als Gegenstand für die Schätzung des Menschen zugelassen. (…). Das Denken in Werten ist (…) die größte Blasphemie, die sich dem Sein gegenüber denken lässt." (Heidegger 1991, 39f.)

Ob mit Heideggers Kritik tatsächlich die Tiefenökologie eines Arne Naess und andere ökoethische Ansätze, die der Natur einen Wert an sich zubilligen, einfach obsolet sind, sei einmal dahingestellt. Es wäre ja gewiss schon viel für eine Ethik der Nachhaltigkeit, die diesen Namen auch verdient, gewonnen, wenn der öffentliche Diskurs allgemein die Höhe der ökosophischen Position von Naess erreicht hätte.

In jedem Fall bleibt aber von Heideggers Vorbehalt gegen die Werte die Eingebung zurück, dass der Weg zum nachhaltigen Denken nicht allein über theoretische Begriffsoperationen und abstrakte philosophische Kategorien führt. Hier handelt es sich nicht nur um einen Weg im übertragenen Sinne, sondern vielmehr darum, wirkliche Wege zu gehen, überhaupt wieder zu gehen, wieder das Gehen zu erlernen. Das leuchtet bereits unmittelbar ein, wenn wir bedenken, in welchem Maße uns die modernen Verkehrsmittel aus der Natur herausgerissen haben. Wir haben eine ganze Welt gegen das Automobil eingetauscht. Das gilt auch für den Verlust der urbanen Lebensqualität, wie der Architekt Daniel Libeskind hervorkehrt: „Wir müssen zuallererst erkennen, dass Autos die Städte zerstören. Der Individualverkehr hat die organisch gewachsenen Strukturen der Städte zersetzt, und dagegen müssen wir etwas unternehmen, wenn Städte ihre Bedeutung für die Gesellschaft behalten sollen. (…). Wenn wir uns vom Auto befreien, gewinnen wir insgesamt mehr Freiheit." (Libeskind 2018)

Schon Anfang der 1940er Jahre erkannte Augustin Wibbelt, wie die Veränderung der Fortbewegungsgewohnheiten der Menschen auf eine anthropologische Zäsur hinausläuft: „Was ich jetzt in der Heimat ganz besonders vermisse, das ist der Fußweg, der früher so lustig und unermüdlich durch alle Wiesen und Kämpe und Felder lief und immer an den schönsten und lauschigsten Plätzen vorüberführte. Wo ist er geblieben? Wer geht heutzutage noch zu Fuß? Alles läuft auf Rädern durch die Welt, und es kommt noch so weit, dass die Menschen das Gehen verlernen und als Rädertierchen zur Welt kommen." (Wibbelt 1969, 17) Hinter diesen liebenswürdig ironischen Bemerkungen steckt ein wacher Beobachter der Paradoxien der modernen Mobilitätsgesellschaft: „Heute muss alles schnell gehen, und die Vehikel überbieten sich in der Geschwindigkeit; auch die Arbeit geht schnell mit Hilfe der Maschinen. Man spart viel Zeit, und ich habe oft darüber nachgedacht, wie es kommen möge, dass unsere Welt trotzdem niemals Zeit hat.“ (Wibbelt 1969, 17) Liegt es womöglich daran, dass die ziellose Bewegung, das ständige rastlose Unterwegssein oder gar Umherirren die moderne Zivilisation ausmachen? Schließlich wird heutzutage eine fast unbeschränkte räumliche Flexibilität von jedem Menschen nahezu selbstverständlich eingefordert.

Schlagartig und beinahe übergangslos versetzt uns das Auto in andere Landschaftsbilder, katapultiert uns das Flugzeug in fremde Klimazonen. Wer es gewohnt ist, sein Wanderziel zu Fuß oder mit dem Fahrrad zu erreichen, wird das schale Gefühl kennen, das von einem Besitz ergreift, wenn man die Gelegenheit erhält, schnell mit dem PKW nach draußen in die Natur zu gelangen. Die Mühelosigkeit der Anfahrt wird mit der spürbaren Verringerung der Freude über das Ankommen bezahlt. Eben noch das harte Pflaster der Großstadt unter den Füßen, befindet man sich unversehens auf dem leicht federnden Waldboden. Diese Art der Fortbewegung macht die Natur zur Ware und verstärkt die gefährliche Illusion von ihrer allgegenwärtigen Verfügbarkeit. Ganz zu schweigen davon, wie die Seele die Plötzlichkeit der permanenten Ortswechsel bewältigen soll, ohne in Erschöpfung und Substanzlosigkeit zu enden. Von dem hochbetagten, auf den Rollstuhl angewiesenen Altbundeskanzler Helmut Schmidt ist überliefert, wie er bei einem seiner letzten Besuche des Künstlerdorfes Fischerhude, dem Sehnsuchts- und Wanderziel seiner Jugend, noch kilometerweit vor dem Ziel den Chauffeur seines Wagens darum bat, sich dem Dorf nur im Schritttempo zu nähern. Dahinter steckt weit mehr als der nostalgische Einfall eines alten Mannes. Die gemessene Bewegungsart des Fußgängers, die Schmidts ungewöhnliche Form der Anreise imitiert, ermöglicht eine genussvolle Wahrnehmung der Natur und erhält uns die Sensitivität für die Naturstimmungen.

Durch den Rhythmus des Gehens vermag der Mensch eins zu werden mit der Landschaft. Er wird zum Teil einer Naturkomposition aus Wiese und Feld, aus Luft, Licht, Himmel und Erde; er ist darin kein Fremdkörper mehr, selbst wenn seine Gedanken vielleicht ganz woandershin schweifen. Am Anfang aller authentischen Nachhaltigkeit steht das Gehen, steht das Fußgängertum als Lebensart, als Öffnung der Wahrnehmung für alles, was uns umfängt. Das, was uns da umfasst, wird nicht immer die freundliche Natur sein, in der wir einfach „aufgehen" können. Aber selbst dann wenn unsere Sinne dafür empfindlich werden, wie unaussprechlich hässlich, trostlos und öde die menschengemachte Umwelt mitunter geworden ist, stellt eine solche Ästhetik des Schocks doch ex negativo eine wichtige Erfahrung für das nachhaltige Denken dar.

Die kontemplativen Gehübungen bringen die Aufgabe der Selbstzurücknahme mit sich. Sie können nur schweigend gelingen. Schon das bloße Mitführen von Handys und Photoapparaten verstellt jede Möglichkeit einer authentischen Wahrnehmung. Die dann unweigerlich einsetzende Motivsuche rastert und selektiert fortwährend die Perzeption, drängt sich zwischen Subjekt und Objekt, wo es doch auf die inneren Bilder der Seele ankäme: „Denn in dem innersten, empfänglichen Sinne spiegelt lebendig und wahr sich die physische Welt", wie Alexander von Humboldt zum „Einfluss der physischen Welt auf die moralische" (Humboldt 1992, 33/76) notiert. Die Präsenz eines Handys tut ihr Übriges, indem sie den Geist vollends versklavt, ihn an die soziale Welt der Kommunikationen und Verabredungen, der Geschäfte und Verpflichtungen fesselt. So kommt es gar nicht erst zu einem befreienden Ausatmen in der Natur, der kostbarsten Gabe, welche die Natur für die Menschen bereithält und für die Friedrich Nietzsche den Aphorismus prägte: „Wir sind so gern in der freien Natur, weil diese keine Meinung über uns hat." (Nietzsche 1960, 317)

Es ist also gar nicht leicht und bedarf wohlüberlegter Vorkehrungen, um die Sinne überhaupt wieder für die Wahrnehmung der Natur, die am Anfang aller Umweltethik steht, zu öffnen. Nicht anders steht es um die Wege ins Innere des eignen Ichs. Auch hier wird die kontemplative Selbstreflexion durch die unzähligen Nöte des Alltags, durch die von der Außenwelt fortwährend aufgezwungene Kommunikation und Reaktion fast unmöglich gemacht. Es bleibt keine Zeit und keine Muße für das Nachdenken über Mensch und Natur. Gibt es ein Hilfsmittel gegen diese Barbarei der Gedankenlosigkeit? Goethe hat einer Figur seines Romans „Wilhelm Meisters Lehrjahre" die folgenden Worte in den Mund gelegt: „Man sollte alle Tage wenigstens ein kleines Lied hören, ein gutes Gedicht lesen, ein treffliches Gemälde sehen und, wo es möglich zu machen wäre, einige vernünftige Worte sprechen." (Goethe 1982, 296) So wird der Bannkreis des reibungslosen Funktionierens, in welchem die Menschen heute insbesondere durch die Zwänge des Erwerbslebens geraten sind, durchbrochen. Es tun sich Inseln der Kontemplation auf, die einem anderen Daseinszustand den Weg bahnen helfen. Damit ist ein echter Anfang im nachhaltigen Denken gemacht.

Es ist kein Zufall, dass der ideologische Triumphzug der Falschmünzer der Nachhaltigkeit mit einem schon Jahrzehnte währenden Bildungskahlschlag an Schulen und Hochschulen zusammenfällt. Philosophie und Ethik, Kunst und Kunstgeschichte, Literatur, Musik und auch Religion als Quellen innerer geistiger Genesung und Orientierung sind im Fächerkanon weitgehend marginalisiert worden. Die inkompetente öffentliche Meinung gefällt sich darin, sie als sogenannte Laberfächer zu verunglimpfen.

Der pragmatische und ökonomisch orientierte Grundzug in vielen aktuellen Nachhaltigkeitskonzepten, ihre Entkoppelung von den großen Ideen der Philosophie und den Sinndimensionen der Künste, sind auch ein Resultat dieser kulturellen Verarmung. Das kulturelle Gedächtnis ist das Fundament für das geistig-seelische Wachstum der Individuen zu menschlichen Persönlichkeiten, „die in freier Spontaneität alle ihre Qualitäten entfalten" (Lukács 1982, 361), um selbsttätig in der Gesellschaft zu wirken.

Dieses Engagement schließt in besonderer Weise jenen Handlungsmodus ein, der am besten als Widerstand der Körper charakterisiert werden kann. Oft wird gefragt, was einem authentischen Verständnis von Nachhaltigkeit zu mehr politischer und gesellschaftlicher Durchschlagskraft verhilft. Die Antwort fällt denkbar einfach aus und fordert doch sehr viel von jedem. Am Ende ist es der Widerstand der verletzlichen Körper, sind es die Menschen, die sich mit der ganzen Verwundbarkeit ihres Leibes dem Übel entgegenwerfen. Wer sich für Nachhaltigkeit einsetzen will, der muss hinaus aufs Feld. Die Zahl und die Hartnäckigkeit der Menschen, die dazu willens sind, entscheiden über die Fortschritte wahrhaftiger nachhaltiger Entwicklung. Diese Opposition der Körper ist das genaue Gegenteil aller Arten von Randale oder gar Gewaltausübung. Sie steht auf dem Fundament einer hochreflexiven Auseinandersetzung mit dem Zeitalter, wie sie nur mit Hilfe der Philosophie und der ihr verwandten Disziplinen und Künste geleistet werden kann. Sie ist ohne Kontemplation, ohne die tiefinnere Freude an der Schönheit der Natur und ihrer Ordnung, zu der auch der Mensch gehört, unvorstellbar. Sie ist Ausdruck glückhafter optimistischer Weltbegegnung. Nichts steht ihr geistig ferner als pessimistische Weltuntergangshysterie, die man den engagierten Menschen gerne nachsagt. Nicht „No Future" lautet die Parole, sondern die Gewissheit, dass eine gute Zukunft der Menschheit auf Erden möglich ist, leitet sie an.

Die Geschichte der Bundesrepublik kennt eine lange Reihe von Ortsnamen, die symbolisch für diesen Widerstand der Körper als einer Form politisch eingreifenden Denkens stehen: Brokdorf, Wackersdorf, Wyhl, Grohnde, Stuttgart 21, Hambacher Forst, Garzweiler – um nur einige wenige zu nennen. Nicht selten gelang das Unerwartete, von vielen für unmöglich Gehaltene und eine neue Eskalation der Bedrohung der Lebensgrundlagen und der Naturzerstörung konnte abgewehrt werden. Bisweilen blieb dem Wagnis der Menschen und ihrem Mut zum Risiko der ersehnte Erfolg versagt. Doch noch im Scheitern haben diese Menschen durch ihr Handeln ihre Würde bewahrt.

Exkurs: Anfang und Ende des Lebens

Komplementär zum Umweltschutz handelt der Lebensschutz von den ethischen Fragen um die menschliche Natur, speziell am Anfang und Ende des menschlichen Lebens. Freilich enthält das Wort Lebensschutz schon eine Richtungsentscheidung. Es besagt, dass das Dasein dem Nichtsein vorzuziehen ist. Menschliches Leben stellt an sich selbst ein Gut dar und ist in allen seinen Phasen schützenswert. Dieses Axiom wird heute aber nicht mehr allgemein geteilt, wie schon unsere Darlegungen zum Auseinanderreißen der Einheit von Umwelt- und Lebensschutz im dritten Kapitel gezeigt haben. Dies wiederum hat gewaltige, um nicht zu sagen tödliche Konsequenzen für die frühe Lebensphase des Menschen im Mutterschoß sowie für die verschiedenen Lebensstufen des Alters. Um zu einem richtigen Verständnis der Problematik des Lebensschutzes zu gelangen, genügt es allerdings nicht, sich nur an Einzelfragen zum Beispiel der ethischen Legitimität bzw. Illegitimität der Abtreibung oder Sterbehilfe abzuarbeiten, wie dies unter Pro-Life-Gruppierungen sehr verbreitet ist. Vielmehr gilt es, die Mitte des Lebens in Augenschein zu nehmen. Erst von hier aus fällt ein erhellendes Licht auf die Ränder der menschlichen Existenz.

„Das Leben lebt nicht." (Adorno 1994, 13) Dieses Zitat des österreichischen Schriftstellers Ferdinand Kürnberger stellt Theodor W. Adorno dem ersten Teil seines Hauptwerkes „Minima Moralia" voran. Der Philosoph zielt damit auf den Konformismus in einer auf Arbeit und Konsum reduzierten Massengesellschaft. In ihr gilt die Parole, nur keine Zeit zu verlieren, um einen lückenlosen Lebenslauf vorweisen zu können. Wenn wir dann endlich zu einem Stelleninhaber aufgestiegen sein sollten, womöglich gar in so einem fensterlosen Raum der Massenmenschenhaltung, heißt es: Aufgepasst! Nur keine Schwäche zeigen! Durchhalten und nicht die Pensions- oder Rentenansprüche gefährden! Schließlich folgt der sogenannte Ruhestand. Jetzt geht es darum, sich rechtzeitig einen Platz im Seniorenheim zu sichern und auch schon einmal die Bestattungsformalitäten abzuklären, damit die Verwandten mit solchen Dingen später keine Last haben. Vielleicht nehmen wir vorsorglich auch schon Kontakt mit einer Sterbehilfeorganisation auf. Die Frage ist nur: Wo bleibt bei alledem dann das Leben?

Immer rastlos und sorgenvoll in die Zukunft schauen, immer unter Zeitdruck stehen, niemals innehalten, immer in Bewegung sein: Das Verkehrswesen mit seiner schockierenden Gewalttätigkeit ist zum Sinnbild der modernen Zivilisation geworden. Gelegentlich fordert die hektische Betriebsamkeit ein Menschenleben. Jemand verblutet nach einem Unfall in einem Auto oder auf der Straße. Aber noch ehe die Öffentlichkeit davon aus der Zeitung erfährt, hat sich schon wieder eine Verkehrslawine über jene Stelle hinweggewälzt, wo erst vor wenigen Stunden ein Mensch sein Leben verloren hat. So ist halt das Leben, erklärt man. Wir sind noch einmal davongekommen und können weiterhin ‚unser eigenes Ding machen', wie so inflationär zu hören ist.

Warum handelt ein Essay über den Lebensschutz vom Alltag in der Mitte des Lebens? Zunächst deshalb, weil es einen gravierenden Fehler und ein Glaubwürdigkeitsproblem der Pro-Life-Engagierten darstellt, sich nur auf die Ränder zu konzentrieren und all das, was den Menschen zwischen Zeugung bzw. Geburt und Tod angetan wird, geflissentlich zu ignorieren. Sodann aber ragt die Art, wie wir jetzt leben und wie wir jetzt das Dasein erfahren, tief hinein in unsere Sichtweise auf die spezifischen Herausforderungen, die am Anfang und am Ende des Lebens auf uns warten. Das sollen zwei Beispiele verdeutlichen.

Häufig hört man jemanden den Gedanken äußern, es sei doch eigentlich völlig unverantwortlich heute noch Kinder zu zeugen. Wenn nun unser Leben sich tatsächlich in jenem blinden und irrationalen Funktionalismus erschöpfen würde, wie er oben karikiert wurde, dann wäre diese Bemerkung zumindest nachvollziehbar. Und weiter: Wenn wir unser Leben so einrichten, dass der persönliche Erfolg, Karriere und materieller Wohlstand als Maßstäbe eines glücklichen, erfüllten Lebens gelten, dann wird ersichtlich, wie Eltern auf den entsetzlichen Einfall kommen können, ihrem Kind, dem ein Down-Syndrom diagnostiziert wird, dadurch einen Liebesdienst erweisen zu wollen, dass sie es noch im Mutterleib töten lassen, um es vor einer Welt zu verschonen, in der sich „alles nach den Kriterien der Konkurrenzfähigkeit und nach dem Gesetz des Stärkeren" (Papst Franziskus 2013, 17) abspielt.

Ein weiteres Beispiel: Stellen wir uns einen älteren Herrn vor, der abends seinen Freund, der inzwischen in einem Pflegeheim lebt, besucht. Unterwegs zum Zimmer des Freundes, auf dem langen Gang der Station, registriert er jedes Mal jenes Geruchsgemisch, das sich aus den Ausscheidungen der Bewohner zusammensetzt. Eine typische Situation für die Abendstunden in vielen Alten- und Pflegeheimen oder Reha-Kliniken, in denen sich Patienten mit eingeschränkten Bewegungsmöglichkeiten befinden. Dann ist oft nur noch ein Pfleger, eine Schwester oder gar nur eine Hilfskraft auf der ganzen Station zum Dienst für die Menschen da. Entsprechend lange müssen die Menschen oft warten, bis sie versorgt werden können. Und ist es nicht wiederum durchaus nachvollziehbar, wenn dann in unserem Besucher, während er über seine Wahrnehmungen und Eindrücke sinniert, der Gedanke aufkeimt, nicht zuzulassen eines Tages selber auf so einer Station zu enden und stattdessen lieber den rechtzeitigen Kontakt zu einer Sterbehilfeorganisation zu suchen?

Die Beispiele verdeutlichen: Unsere gemeinschaftlichen Lebensformen, die Art wie wir uns begegnen und miteinander umgehen, dies alles ist Zeugnis entweder für oder gegen das Leben. Finden wir uns ab mit dem unaufhörlich zappelnden Funktionalismus, der „den Charakter des offenen Wahnsinns annimmt" (Horkheimer/Adorno 1988, 62) oder halten wir inne und setzen ein Zeichen wie zum Beispiel die Angehörigen und Freunde der Verkehrstoten mit den öffentlichen Unfallkreuzen? Beugen wir uns der Vorherrschaft des Geldes, die sogar aus Heimen und Krankenhäusern Orte der Profitmaximierung gemacht hat, oder solidarisieren wir uns mit denen, die zum Mittel der Gewinnproduktion erniedrigt wurden? In unserem Alltag, mit jeder einzelnen menschlichen Begegnung, mit der wir dem Dasein eine bestimmte Farbnuance verleihen, entscheidet sich, wie es um die Ethik am Lebensanfang und am Lebensende steht.

Damit ist nun abermals dieses wohlklingende Wort ‚Ethik' gefallen. Über das, was es bedeutet, sind ganze Bibliotheken geschrieben worden. Verwegen könnte man in einem Satz definieren: In der Ethik geht es um die ganz große Daseinsfrage nach dem guten, gelingenden Leben. Wie muss der Mensch sein, um glücklich zu leben, um das Leben zu meistern, was auch bedeutet, sich auf den Tod einzuüben. Der Vorzug dieser Bestimmung von Ethik besteht darin, dass sie auf das Ganze des Menschen und seines Lebens zielt. Jeden Menschen interessiert es, was es heißt, glücklich zu sein.

Es gibt aber selbstverständlich noch viele andere Zugänge zur Ethik. Eine divergierende Herangehensweise schaut nicht so sehr auf das Ganze der Person, sondern konzentriert sich auf die Bewertung einzelner Handlungen. Dabei gibt es wiederum eine große Kontroverse darüber, ob es bei der Bewertung von Handlungen auf die Natur einer Handlung, also den inneren Charakter der Handlung selbst ankommt oder ob die ethische Qualität einer Handlung vielmehr nach den Handlungsfolgen einzuschätzen ist. Dieser Dissens zieht sich durch beinahe alle Problemfelder des Lebensschutzes. Wenn man davon ausgeht, dass Töten als solches immer und unter allen Umständen schlecht ist, dann wird man urteilen, dass es auch kein Recht auf den eigenen Tod gibt und dass es ethisch verwerflich ist, zum Beispiel Embryonen für die Stammzellforschung zu töten.

Sobald man hingegen die Tötungshandlung von den damit beabsichtigten Wirkungen aus bewertet, verschieben sich die Gewichte oft gravierend. Dann könnte die Tötung von Embryonen erlaubt, vielleicht sogar geboten sein, weil jetzt die Heilungschancen, welche die embryonenverbrauchende Forschung für bisher als unheilbar geltende Krankheiten in Aussicht stellt, zu einem Kriterium der Handlungsbeurteilung werden. Damit sind wir schon inmitten von Detailfragen der Bioethik angelangt. Bioethik ist der Fachbegriff für die Ethik vom Anfang und Ende des menschlichen Lebens. Die Bioethik handelt vom Umgang mit der menschlichen Natur: Dürfen wir alles, was wir können? Beginnt die moralische Schutzwürdigkeit des menschlichen Lebens mit dem Zeitpunkt der Verschmelzung von Ei- und Samenzelle? Darf ein durch künstliche Befruchtung erzeugter Embryo nach einem Gentest verworfen werden? Das sind typische Fragestellungen der Bioethik.

Wir haben schon gesehen, wie all diese Fragen nicht rein theoretisch gleichsam am grünen Tisch entschieden werden können, sondern wie ihre wirkliche Beantwortung eingebettet ist in unsere alltägliche Lebenspraxis. Nehmen wir zum Beispiel an, alle würden sich theoretisch darauf verständigen, dass der Mensch nicht Herr des Lebens und ein Suizidversuch deshalb ethisch abzulehnen sei. Gleichzeitig aber würden uns die Lebensumstände älterer Menschen in den Heimen kalt lassen oder wir hätten keine Zeit für sie, weil wir hauptsächlich an unserem eigenen Fortkommen arbeiten oder weil wir ständig beim Surfen in den Scheinwelten des Internets verlorengehen. In diesem Fall wäre unsere theoretische Verurteilung des Alterssuizides nicht nur praktisch folgenlos, sondern höchst verlogen, wenn wir nicht zur Kenntnis nehmen wollen, wie wir selbst durch unser eigenes Tun und Lassen einen großen Anteil an den Lebensumständen alter Menschen haben. Es kommt also immer entscheidend darauf an, unser ethisches Denken und Urteilen in den Gesamtzusammenhang unserer Lebenspraxis einzuordnen oder umgekehrt formuliert, mit unserem Leben für unsere ethischen Überzeugungen einzustehen. Andernfalls bilden wir uns nur irrtümlich ein, diese Überzeugungen zu haben. Wenn unsere Handlungen aber authentisch Rechenschaft für unsere ethischen Anschauungen geben, dann sind wir auf dem Weg zu einem gelingenden, glücklichen Leben.

Auf der Basis dieses Wissens um die Einbindung und Beglaubigung aller Ethik durch unsere Lebensführung, können wir uns nun der zentralen Kategorie der Bioethik widmen: der Menschenwürde. Der Begriff ist in aller Munde, doch worauf gründet diese Rede von der Menschenwürde, was bedeutet sie? Das Konzept der Menschenwürde hat gewissermaßen zwei Lungenflügel; einen theologischen und einen philosophischen.

In einem Gebet aus der christlichen Tradition, das durch die Vertonung in einer Motette von Josquin Desprez große Verbreitung fand, steht der Satz: „Tu solus creator, qui creasti nos", zu Deutsch: Du allein bist der Schöpfer, der uns geschaffen hat. In dieser Zeile drückt sich die Idee von der Freiheit und Würde aller Menschen aus. Doch inwiefern? Zunächst wird doch eine fundamentale Abhängigkeit der Menschen von Gott ausgesagt. Aber die essentielle Unterscheidung zwischen dem einen Schöpfer und den Geschöpfen – und hier sind mit Geschöpfen die Menschen gemeint – bedeutet für die Geschöpfe, dass sie einander frei und ebenbürtig sind. Diese Zeile ist eine Negation aller willkürlichen Hierarchie, die nur auf menschlicher Satzung beruht. „Tu solus creator, qui creasti nos“ bedeutet: Es existiert keine schicksalhafte Ordnung unter den Menschen, welche die einen zu Herren, die anderen aber zu Sklaven bestimmt hätte. Die Gottebenbildlichkeit des Menschen, die den Kern der theologischen Idee von der Menschenwürde bildet, ist noch eine Steigerungsform seiner Geschöpflichkeit, indem der Mensch von Gott gerufen wird und selber zu Gott sprechen kann, mit Gott befreundet ist. Jetzt kann man ermessen, was es für die Würde des Menschen bedeutet, wenn sich einige Menschen anschicken, selber Gott zu spielen, indem sie zum Beispiel darauf hinauswollen, das Erbgut anderer Menschen zu bestimmen. Damit wäre die von Gott geschenkte Menschenwürde unumkehrbar zerstört, denn jetzt hätten Menschen andere Menschen zu ihren Geschöpfen und damit zu irreversibel Abhängigen und Unfreien gemacht.

Vielfach wird bezweifelt, ob der theologische Lungenflügel der Menschenwürde in einer säkularen Gesellschaft überhaupt noch einen Gehalt hat, der über eine rein historische Reminiszenz hinausgeht. Handelt es sich bei ihm nicht vielmehr nur um die Vokabeln eines christlichen Binnengesprächs, das für den öffentlichen Diskurs um die Ethik des Lebensschutzes irrelevant geworden ist? Dieser Einstellung, die den Glauben zur Privatsache erklären möchte, entgegnet der Philosoph Jürgen Habermas, der sich selbst gerne als „religiös unmusikalisch“ charakterisiert: „Säkularisierte Bürger dürfen, soweit sie in ihrer Rolle als Staatsbürger auftreten, weder religiösen Weltbildern grundsätzlich ein Wahrheitspotential absprechen, noch den gläubigen Mitbürgern das Recht bestreiten, in religiöser Sprache Beiträge zu öffentlichen Diskussionen zu machen. Eine liberale politische Kultur kann sogar von den säkularisierten Bürgern erwarten, dass sie sich an Anstrengungen beteiligen, relevante Bezüge aus der religiösen in eine öffentlich zugängliche Sprache zu übersetzen.“ (Habermas 2004, 15) In gewisser Weise besteht die ganze philosophische Aufklärung, die den zweiten Lungenflügel der Menschenwürde bildet, aus dieser Übersetzungsarbeit – freilich über weite Strecken in scharfer Antithese zur Religion. So gründet für Kant die Menschenwürde in der Autonomie des vernunftbestimmten Willens, in der Freiheit des Menschen, sein eigener moralischer Gesetzgeber zu sein, unabhängig von fraglos hingenommenen Traditionen und religiösen Weisungen.

Nach dieser kurzen Verständigung über die beiden Quellen einer Ethik der Menschenwürde sind wir vorbereitet für eine entscheidende Reflexion. Viele Menschen hadern sowohl mit der theologischen als auch mit der philosophischen Deutung des Begriffes Menschenwürde. Er sei zu abstrakt, zu wenig greifbar. Es wird vorgeschlagen, die Menschenwürde an ganz konkreten Eigenschaften festzumachen, solche, die man sehen, erfahren und beobachten kann. Als Kriterien werden zum Beispiel Selbstbewusstsein oder Kommunikationsfähigkeit zur Diskussion gestellt. Dieser Versuch, die Menschenwürde an bestimmte Fähigkeiten oder Eigenschaften zu binden, stellt eine beunruhigende moralische Versuchung dar. Denn was geschieht, wenn wir die Menschenwürde von der Voraussetzung abhängig machen, dass jemand „ich" sagen kann oder ein Bewusstsein von seiner Zukunft hat? Dann schließen wir ganz viele Menschen von der Menschenwürde aus: die Ungeborenen und Neugeborenen, Menschen, die im Koma liegen oder im weit fortgeschrittenen Stadium einer Demenzerkrankung leben.

Deshalb ist es notwendig, wissentlich paradox zu definieren: Die Menschenwürde ist eine eigenschaftslose Eigenschaft des Menschen, die jedem Menschen als Menschen zukommt und die niemand zuerkennen oder aberkennen kann. Sie begründet – in der Diktion Kants formuliert – einen objektiven Anspruch auf Achtung. Menschenwürde ist etwas, was man mit dem Herzen denken muss, was sich in seiner ganzen Tragweite, seiner Unbedingtheit nur dem nach innen gerichteten Blick des Geistes offenbart. Jeder Versuch der Versinnlichung, der Verbildlichung durch Empirisches führt hier unweigerlich zu einer Verkürzung, ganz zu schweigen von dem Unterfangen, Menschenwürde wissenschaftlich messbar machen zu wollen.

Andererseits müssen wir zur Kenntnis nehmen, wie sich die gesellschaftliche Aussprache über die Ethik am Anfang und am Ende des Lebens zunehmend von dem Begriff einer unveräußerlichen Menschenwürde entfernt. Verschiedene, teils schon genannte Kriterien für die Menschenwürde sind im Angebot: Selbstbewusstsein, Kommunikation, Empfindungsfähigkeit oder ein Bewusstsein von der eigenen Zukunft. In der Ethik am Lebensanfang ist das Wissen um die Menschenwürde verdunkelt, wenn der Embryo nicht mehr als ein Mensch im frühesten Stadium seiner Existenz erkannt wird. Analoge Entwicklungen zeichnen sich bei der Ethik am Lebensende ab, wo die philosophische Debatte um die Sterbehilfe eine Enttabuisierung der Euthanasie eingeleitet hat. Das Existenzrecht des versehrten, kranken und gebrechlichen Menschen steht zur Disposition. Zum Beispiel urteilt James D. Watson, eine Ikone der Biologie des 20. Jahrhunderts, über an Alzheimer erkrankte Menschen: „Wir alle kennen doch auch Menschen mit fortschreitendem Alzheimer, die wir nicht wieder erkennen. Beinahe jeder wünscht sich ihren Tod, ob es nun der eigene Vater ist oder jemand Fremdes. Aus wissenschaftlicher Sicht handelt es sich in solchen Fällen um Nicht-Existenz.“ (Watson 2001, 30)

So haben wir uns schließlich in eine ethische Lage manövriert, bei der immer mehr Personengruppen die Menschenwürde aberkannt wird – aller Rede von Inklusion zum Spott. Geblieben ist nur eine unsinnige und verstümmelte, nach beliebigen Interessen zurechtgebogene illegitime Verwendung des Begriffes Menschenwürde. In ihrem Namen werden nun Dinge wie ein Recht auf Abtreibung, ein Recht auf den eigenen Tod oder ein Recht auf gesunden Nachwuchs postuliert. Diese Forderungen sind mit dem strikten Instrumentalisierungsverbot, das in der ursprünglichen theologischen und philosophischen Bedeutung des Terminus angelegt ist, gänzlich unvereinbar. Als Folge dieser Entwicklungen ist das Wort Lebensschutz in der öffentlichen Wahrnehmung sehr unpopulär geworden und schon nahe daran als Pfui-Tatbestand zu gelten.

Hier bahnt sich unverkennbar ein Paradigmenwechsel in Hinblick auf die Verwendung des Terminus Menschenwürde an. Im Folgenden geht es darum, die Hintergründe dieses Wertewandels aufzuhellen. Dabei sind wir mit drei Zeitzeichen konfrontiert, die eng miteinander verklammert sind und die wiederum aus der Mitte des Lebens auf die Ränder abstrahlen: Es sind dies die metaphysische Obdachlosigkeit der modernen Zivilisation, der Konsumismus und die Ersetzung der Ethik durch die Ökonomie der Kosten-Nutzen-Berechnungen. Zum Teil kennen wir diese Strukturelemente schon aus dem Kapitel über die Falschmünzer der Nachhaltigkeit.

Beginnen wir mit dem Phänomen der metaphysischen Obdachlosigkeit. Da ist zunächst einmal zu klären, was denn eigentlich unter Metaphysik zu verstehen ist. Statt eines Referats über Plato und Aristoteles möchte ich – und die studierten Philosophen unter den Lesern mögen mir das verzeihen – eine ganz einfache Antwort vorschlagen: Metaphysik heißt für den Menschen, dass er eine Heimat hat. Sein Dasein ist mitnichten ein Spiel des Zufalls oder ein übler Scherz einer anonymen Macht, sondern sein Leben hat bei allen unverständlichen Widerfahrnissen, die den Menschen tief verunsichern und verängstigen, doch einen Sinn und ein Ziel. Leid und Tod, Endlichkeit und Vergänglichkeit sind nicht die letzte Wahrheit über den Menschen. Für die Christen, und das ist jetzt allerdings eine spezielle Metaphysik, ist diese Heimat Gott, die ewige Glückseligkeit mit Gott vereint zu sein. Gott wird alle Wunden heilen, die das Leben auf Erden geschlagen hat, das ist die Hoffnung der Christen und in ähnlicher Form auch vieler anderer Gläubiger. Was aber geschieht mit den Menschen, wenn sie diese Hoffnung verlieren und schließlich jeglichen metaphysischen Rückhalt einbüßen? Dann konzentriert sich alles auf das Jetzt, auf die rasch vorbeieilenden Jahre des endlichen Daseins. Dann geht es allein darum, das flüchtige Glück mit allen Mitteln zu zwingen und festzuhalten und jeglichen Anlass von Unlust zu neutralisieren. Erstrebenswert für das Leben des Menschen in der Moderne ist die Maximierung von angenehmen Zuständen. Das Sein, die Identität des Menschen zerfällt zu einem Kaleidoskop aus Events, Kaufhandlungen, Spektakeln und Reisen.

Vor allem aber verändert die metaphysische Obdachlosigkeit oder auch metaphysische Demenz, die der Arzt Herbert Mensen als „Schwachsinn für die letzten Gründe und Zusammenhänge des Seins" (Mensen 1991, 183) gedeutet hat, den Blick der Menschen auf den Anfang und das Ende des Lebens. Ein allein auf das Erleben positiver Zustände reduziertes Menschsein versucht sich den existentiellen Grenzsituationen des Daseins, sei es in der Begegnung mit dem Leiden des Anderen, sei es in der Konfrontation mit der eigenen Endlichkeit, zu entziehen. Auch verschließt sich der Mensch dem Geheimnischarakter von Schwangerschaft und Geburt, die das Selbstverständnis des modernen Menschen als eigenständigen Macher und Manager seines Lebens durchkreuzen: „Schwangerschaft und Geburt sperren sich gegen eine äußere Beherrschung. Wie kein anderer menschlicher Prozess – außer dem Sterben – bedeutet Gebären, sich einem Geschehen zu übergeben, das größer ist als die eigene Person, und das immer mit Schicksalhaftem verbunden ist und sein wird. (…). Dies ängstigt. Es widerspricht unseren Vorstellungen, das Leben planen zu können und ‚alles im Griff zu haben'." (Schindele 1997, 40)

Die metaphysische Obdachlosigkeit findet ihren unmittelbaren Ausdruck in einem ruhelosen Konsumzwang, wie wir ihn bereits ausführlich in den Kapiteln über die Nachhaltigkeit behandelt haben. Hinter diesem Phänomen steckt das ganze

Leiden des modernen Menschen. Wenn die Hoffnung auf das ewige Leben und zuletzt jede auch nur schwache Reminiszenz an einen transzendenten Gedanken verloren gegangen ist, fungiert der Konsum als Surrogat. Die Menschen beginnen gleichsam sich selbst, ihr ganzes eigenes Leben, ihre Beziehungen zu anderen Menschen und auch den eigenen Leib als Konsumobjekt zu betrachten. Was aber nicht mehr als Konsumgut oder als Träger des Konsumerlebnisses taugt, verliert jeglichen Wert, auch dann, wenn es das Leben selbst ist.

Wo das Leben als „fortgesetzter Einkaufsbummel" verstanden wird und „die Welt als überfließendes Lagerhaus voller Konsumgüter" (Bauman 2003, 107f.) erscheint, da verändert sich auf dramatische und grundsätzliche Weise die Einstellung zum ungeborenen Leben. Der Philosoph Georg Lukács analysiert zur Warenstruktur als Keimzelle der kapitalistischen Gesellschaftsordnung: „Das Wesen der Warenstruktur (…) beruht darauf, dass ein Verhältnis, eine Beziehung zwischen Personen den Charakter einer Dinghaftigkeit und auf diese Weise eine ‚gespenstige Gegenständlichkeit' erhält, die in ihrer strengen, scheinbar völlig geschlossenen und rationellen Eigengesetzlichkeit jede Spur ihres Grundwesens, der Beziehung zwischen Menschen verdeckt." (Lukács 1967, 94) Genau dies lässt sich laut der Sozialwissenschaftlerin und Medizinethikerin Eva Schindele oft beim modernen Umgang mit der Schwangerschaft beobachten: „So interessiert sich heute die Gynäkologie weniger für die Beziehung zwischen schwangerer Frau und ihrem Kind im Leib, sondern das Kind als ‚Produkt' steht im Mittelpunkt der Aufmerksamkeit. Dabei führt uns jede Schwangerschaft erneut vor Augen, dass wir eine Beziehung brauchen, um zu werden, eine Symbiose, die trägt, damit sich der Mensch überhaupt entwickeln kann." (Schindele 1997, 39f.) Eine Steigerungsform dieser durch den Missbrauch der pränatalen Diagnostik verursachten Verdinglichung des ungeborenen Lebens und der damit einhergehenden Entfremdung der Eltern von ihrem Kind verkörpert die Präimplantationsdiagnostik. Der Medizinethiker Giovanni Maio erläutert: „Hier werden Embryonen nur auf Probe gezeugt, und erst die Qualitätsprüfung in Form des Gentests entscheidet darüber, ob man das Produkt annimmt oder bei mangelnder Qualität eben zurückgibt." (Maio 2012, 161) Die nächste Eskalationsstufe stellt die embryonenverbrauchende Stammzellforschung dar, die konstitutiv auf der vollkommenen Instrumentalisierung also Tötung von menschlichem Leben basiert und Embryonen in Deutschland zur Importware degradiert hat.

Wie aber wirkt sich die metaphysische Obdachlosigkeit auf das Ende des Lebens aus? Dann erscheint in einer Welt ohne Heimat der „selbstbestimmte Lebensverzicht" als plausible und beste Lösung. Viele Stimmen aus der Philosophie sekundieren diesem Anliegen, indem sie für das Recht auf den eigenen Tod und das Recht, sich töten zu lassen, argumentieren. Unter ihnen verdient die kleine Schrift „Meditatio Mortis" besondere Beachtung, die der Philosoph Wilhelm Kamlah kurz vor seinem Suizid fertigstellte: „Denn was soll ein Mensch eigentlich tun, der in eine Lage gekommen ist, in der ihm das Recht auf den eigenen Tod zusteht? Zum Beispiel ein alter Mensch, der gar nicht an einer schweren Krankheit leiden muss, dem aber von Jahr zu Jahr zunehmende Altersgebrechen im Zusammenspiel mit anderen Entzugswiderfahrnissen wie Verlust beruflicher Aufgaben, Vereinsamung, die Möglichkeiten lebendigen, sinnerfüllten Lebens eine nach der anderen zerstören und der daher von der Last solch mühselig sich dahinschleppenden bloßen Weiterlebens und Weitersterbens befreit werden möchte? (...). Es wäre nun so naheliegend für ihn, sich an den Arzt um Hilfe zu wenden, der ihm auch bisher geholfen hat." (Kamlah 1976, 22f.)

Es lohnt sich, diese Zeilen sehr genau ein zweites Mal zu lesen. Dann wird auf einmal eine verdeckte, vom Autor gewiss so nicht beabsichtigte Anklageschrift erkennbar. Ist da nicht von „Vereinsamung" und vom „Verlust beruflicher Aufgaben" die Rede, die beide als „Entzugswiderfahrnisse" erlebt werden? Diese Hinweise zeigen, dass es gleichsam ein Recht auf Pflichten gibt, d.h. man darf Menschen keinesfalls die Option wegnehmen, sich für andere einzusetzen und für andere da zu sein – man stößt sie sonst aus der sozialen Gemeinschaft aus. Es geht in der Ethik am Lebensende also nicht allein darum, dass alte Menschen gut versorgt und betreut werden. In einer Studie konnte der Gerontologe Andreas Kruse nachweisen, „welches Gewicht die subjektiv erlebte Sorge für und um Andere im Erleben alter Menschen besitzt: Diese Sorge gilt ihnen als Ausdruck eines mitverantwortlichen Lebens und dieses wiederum als Ausdruck der Teilhabe." (Kruse 2014, 21) Gerade dank ihres Alters und der damit verbundenen Lebenskenntnis und des Reichtums an historischen Erfahrungen können alte Menschen einen Dienst an der Gemeinschaft leisten, den keine andere Generation beizutragen vermag.

Der Verlust eines metaphysischen Fundaments für die Ethik beschwört schließlich die radikale Ersetzung der Ethik durch das ökonomische Paradigma herauf – mit tödlichen Folgen für die Menschen. In unmissverständlicher, das Satirische streifender Deutlichkeit macht sich der Philosoph Wolfgang Lenzen daran, den Wert eines Lebens in Mark und Pfenning zu kalkulieren: „In der modernen Entscheidungstheorie (...) wird davon ausgegangen, dass man nicht bloß Dingen, sondern auch Ereignissen numerisch präzise Werte zuordnen kann. (...). In diesem Sinne kann man dann einzelnen Tagen subjektive Werte in Äquivalenten von Mark zuordnen, wobei ein besonders schlimmer Tag, z.B. mit elenden Zahnschmerzen, vielleicht einen ‚Wert' von Minus DM 10.000 bekommt, während ein Glückserlebnis wie eine erste Liebe oder ein gut bestandenes Examen Plus 100.000 Mark wert sein kann. (...). Diese Skizze mag Ihnen verdeutlichen, wie man den Wert eines Lebens – und zwar zunächst eines gelebten Lebens – in Mark und Pfenning ausrechnen kann." (Lenzen 1991, 164)

Kühl analysierend gelangt Lenzen zu seinem Plädoyer für die Euthanasie: „Von der Bemessung des Wertes eines gelebten zur analogen Bestimmung des Wertes eines noch gar nicht erlebten Lebensabschnittes ist nur ein weiterer, kleiner Schritt. (...). Die philosophische Frage nach der moralischen Legitimität einer so verstandenen Euthanasie ist eigentlich sehr einfach zu beantworten: wenn irgendein Lebewesen sich in einem solchen Zustand befindet, dass sein Leben wirklich nicht mehr lebenswert ist, also – in der oben erläuterten Terminologie – einen negativen Erwartungswert besitzt, dann wird ihm keinerlei Schaden zugefügt, wenn man es tötet." (Lenzen 1991, 165/170) Hier hat die Vorherrschaft des verkürzten ökonomischen Modells der Rationalität das Prinzip der Menschenwürde gänzlich verdunkelt. Auch die Ethik wird von der durch Papst Franziskus gegeißelten „Wegwerfkultur" erfasst, die solche Menschen, für die es nach der Logik des rechnenden Denkens keinen Verwertungszweck gibt oder deren Leben nach der Terminologie Lenzens auch aus der Ich-Perspektive nur noch einen negativen Erwartungswert hat, wie „Abfall" und „Müll" (Papst Franziskus 2013, 17) behandelt.

In diesem Ethikvakuum erweckt die Lebenssituation des alten, versehrten oder sterbenden Menschen fast nur noch aus einer pekuniären oder technokratischen Sichtweise Interesse. Dabei muss man gar nicht erst auf ein so schauerliches Beispiel wie die Aktivitäten des ehemaligen Hamburger Justizsenators Dr. Roger Kusch verweisen. Der zwischenzeitlich als Vorsitzender des Vereins Sterbehilfe Deutschland e.V. bekannt gewordene Jurist ließ es sich nicht nehmen, der Öffentlichkeit eine zum Selbsttötungsautomaten umgebaute Spritzenpumpe für Suizidwillige zu präsentieren. Alter und Sterben als innovative Herausforderung für die Technik: In diesen Zusammenhäng lässt sich auch die massive Bewerbung von sogenannten Schmuserobotern für an Demenz erkrankte Patienten durch die Helmholtz-Gemeinschaft einordnen: „Der rund 60 Zentimeter lange Roboter ist mit einem kuscheligen weißen, antibakteriellen Fell und schwarzen, großen Kulleraugen ausgestattet. Zusätzlich klimpert er mit langen Wimpern und fiepst mit einer zerbrechlichen Stimme. All das spricht unser Kindchenschema an." (Kolbe-Weber 2014) Angesichts solcher Aussichten ist es durchaus nachvollziehbar, wie jemand auf die Idee geraten kann, sich rechtzeitig in den erlösenden Alterssuizid zu flüchten.

Unverhohlen droht die Helmholtz-Gemeinschaft auf ihrer Homepage im totalitären, keinen Widerspruch duldenden Sprachgestus: „Roboter sind mit großen Schritten auf dem Vormarsch. Als zuverlässiger Assistent im Altenheim, als private Haushaltshilfe oder als elektronische Kuschelrobbe. Viele Menschen sehen der Technologie dennoch skeptisch entgegen, doch die Maschinen werden kommen." (Kolbe-Weber 2014) Von demokratischer Willensbildung scheint der Forscherbund nicht sehr viel zu halten, jedenfalls wenn man diese Aussage zugrundelegt. Was die technikdominierte Perspektive auf die Lebensphasen des Alters so besonders attraktiv macht, ist die Aussicht auf neue Geschäftschancen, wie das Bundesministerium für Bildung und Forschung in einer Broschüre mit dem Titel „Technik zum Menschen bringen" hervorhebt. Darin wird die Initiative „Pflegeinnovationen 2020" herausgestellt. Ihr Ziel sei es „(…) die Innovationsstärke Deutschlands in der Medizintechnik auf die Pflegetechnologie auszuweiten und so Deutschland als Leitanbieter in diesem Markt zu etablieren." (BMBF 2015, 19)

Wer möchte schon in einem solchen Umfeld alt werden, umstellt von künstlichen Apparaten, beobachtet von Forschern, welche die Wirkung der von ihnen erfundenen Maschinen auf den Menschen erproben, überwacht von Sensoren und umhegt von Ethikexperten, die vorgeben, sorgsam Chancen und Risiken der Pflegetechnologie zu prüfen, ohne es zu wagen, die Entwicklung prinzipiell in Frage zu stellen? Natürlich fehlt es niemals an dem vorsorglichen Hinweis, durch die neue Pflegetechnologie werde mehr Zeit für die Betreuung der Menschen gewonnen. Allein, ist das glaubwürdig?

Es gibt kaum ein Berufsfeld, das so sehr auf der persönlichen menschlichen Begegnung beruht wie die Pflege. Schon in der übermäßigen geistigen Fixierung auf die technischen Automaten, auf die alle gebannt blicken, ist eine anthropologische Grundwahrheit aller Ethik abhandengekommen, über die der Philosoph Wilhelm Kamlah schreibt: „Wir bedürfen nicht nur der Güter, sondern auch der Mitmenschen. (…). Wir sind auf andere angewiesen nicht allein, um mit ihrer Hilfe zu den Gütern zu gelangen, derer wir bedürfen, sondern wir sind auch aufeinander angewiesen, um z.B. miteinander zu reden, unsere Situation zu besprechen, einander Geborgenheit zu gewähren, um in wechselseitigem Vertrauen unser menschliches Leben zu bestehen.“ (Kamlah 1973, 95) Das, was davon im Gesundheitswesen noch übriggeblieben ist, nennt man im heutigen professionellen Jargon dann Case Management, welches inhaltlich und sprachlich auf die gänzliche Unterwerfung des Patienten unter das Diktat der Ökonomie hinausläuft: „Mit Case Management gelingt es (…), die Patienten wirtschaftlicher zu behandeln, weil vorgängig die Prozesse optimiert werden. So ist es möglich, sogar Gewinn zu erzielen. Der Case Manager kontrolliert und steuert den Zugang zu Gesundheitsleistungen der Klinik und regelt die adäquate Versorgung für den Patienten, insbesondere mit seinen Funktionen als Advokat, Broker, Gatekeeper und Supporter, um die in der Fachliteratur bezeichneten Synonyme zu verwenden.“ (Nussbaumer 2009, 43)

Es ist verstörend wie unter den vermeintlichen Experten der Sozial- und Gesundheitswissenschaften die Anzahl derer beständig wächst, die das menschliche Leben und seine Herausforderungen nur noch mit dem Vokabular der Finanz- und

Wirtschaftswissenschaften zu beschreiben vermögen. Vor diesem Hintergrund erscheint Kamlahs Hinweis, dass Menschen in einem existentiellen Sinn auf die individuelle Fürsorge und den persönlichen Zuspruch anderer Menschen angewiesen sind, fast schon wie ein Anachronismus. Da werden zwei völlig inkommensurable Sprachen gesprochen. Das sind keine guten Perspektiven für alle, denen ein Alter in Würde noch etwas anderes bedeutet als nur die wohlfeile Werbefloskel einer beliebigen Seniorenresidenz.

Auf den ersten Blick mag es irritieren, wenn mit Kamlah ein Denker zum philosophischen Gewährsmann des Lebensschutzes gemacht wird, der durch Suizid aus dem Leben geschieden ist und dafür mit seiner „Meditatio Mortis" auch noch eine ethische Rechtfertigung vorausgeschickt hat. Worum es beim Lebensschutz geht, darüber gibt es viele Missverständnisse. Einige meinen, durch die Beteiligung an öffentlichen Kundgebungen gegen Abtreibung und Sterbehilfe seinem Anliegen zu dienen. Es ist aber zu bezweifeln, ob der Lebensschutz sich für eine solche Agitation – und sei es in der Gestalt eines Schweigemarsches – wirklich eignet. Anders als beim Umweltschutz, der alle gleichermaßen betrifft, sind seine Probleme auf eine ganz spezifische, unwiederholbare Weise mit dem jeweils individuellen Dasein eines einzelnen oder mehrerer Menschen verwoben. Biographische Konfrontationen mit der Ethik am Anfang und Ende des Lebens bringen für die Betroffenen über die jeweils konkrete Problematik hinaus einen bleibenden hohen Grad an Verletzbarkeit mit sich. Deshalb gehören diese Themen nicht auf die Straße, obwohl es im höchsten Interesse der Ethik ist, dass die Menschenwürde auch der Ungeborenen sowie der versehrten oder sterbenden Menschen allgemein und prinzipiell geachtet wird. Dennoch liegt das primäre Handlungsfeld hier im persönlichen Umfeld, im Alltagsleben, in der unmittelbaren Begegnung von Menschen. Worauf es dabei ankommt, hat Kamlah in einer ethischen Regel zusammengefasst: „Beachte, dass die Anderen bedürftige Menschen sind wie du selbst, und handle demgemäß.“ (Kamlah 1973, 95)

Literaturverzeichnis

Adorno, Theodor W. (1994): Minima Moralia. Frankfurt am Main

Bauman, Zygmunt (2003): Flüchtige Moderne. Frankfurt am Main

BMBF (Bundesministerium für Bildung und Forschung) (2016): Technik zum Menschen bringen. Bonn

Braungart, Michael (2015): Nachhaltigkeit macht den Kunden zum Feind, auf: https://www.cicero.de/wirtschaft/nachhaltigkeit-und-innovation-die-energiewende-laeuft-komplett-gegen-die-wand/59282, Abrufdatum 11.07.2019

Böll, Heinrich (1979): Köln gibt's schon, aber es ist ein Traum, in: Merian 12–32/1979, S. 134–144

Engelfried, Justus (2004): Nachhaltiges Umweltmanagement. München

Goethe, Johann Wolfgang (1982): Wilhelm Meisters Lehrjahre. Stuttgart

Gössmann, Wilhelm (1978): Umbau – Land und Leute. Iserlohn

Grunwald, Armin; Kopfmüller, Jürgen (2006): Nachhaltigkeit. Frankfurt am Main

Grunwald, Armin (2012): Ende einer Illusion. Warum ökologisch korrekter Konsum uns nicht retten wird. München

Habermas, Jürgen (2004): Zur Diskussion mit Kardinal Ratzinger, in: Information Philosophie Oktober 2004, S. 7–15

Hauf, Michael von; Schulz, Robin; Wagner, Robin (2018): Deutschlands Nachhaltigkeitsstrategie. Konstanz und München

Hauptmann, Gerhart (1985): Rose Bernd. Frankfurt am Main, Berlin und Wien

Hayer, Björn (2014): Ortlose Kultur, in: Die Tagespost vom 13.11.2014, S. 9

Heidegger, Martin (1991): Über den Humanismus. Frankfurt am Main

Horkheimer, Max; Adorno, Theodor W. (1988): Dialektik der Aufklärung. Frankfurt am Main

Humboldt, Alexander von (1992): Ansichten der Natur. Stuttgart

Jonas, Hans (1984): Das Prinzip Verantwortung. Frankfurt am Main

Jonas, Hans (1997): Prinzip Verantwortung – Zur Grundlegung einer Zukunftsethik, in: Krebs, Angelika (Hg.): Naturethik. Frankfurt am Main, S. 165–181

Kamlah, Wilhelm (1973): Philosophische Anthropologie. Mannheim

Kamlah, Wilhelm (1976): Meditatio Mortis. Stuttgart

Kant, Immanuel (1965): Grundlegung zur Metaphysik der Sitten. Hamburg

Kant, Immanuel (1999): Was ist Aufklärung? Hamburg

Kolbe-Weber, Carsten (2014): Die Roboter kommen – Hilfe in der Pflege und im Alltag, auf: https://www.helmholtz.de/gesundheit/die-roboter-kommen-hilfe-in-der-pflege-und-im-alltag/, Abrufdatum 07.08.2019

Krebs, Angelika (Hg.) (1997): Naturethik. Frankfurt am Main

Kruse, Andreas (2014): Grenzgänge im Alter, in: Kruse, Andreas; Maio, Giovanni; Althammer, Jörg: Humanität einer alternden Gesellschaft. Paderborn, S. 11–47

Lenzen, Wolfgang (1991): Wie schlimm ist es, tot zu sein? Moralphilosophische Reflexionen, in: Ochsmann, Randolph (Hg.): Lebens-Ende. Über Tod und Sterben in Kultur und Gesellschaft. Heidelberg, S. 161–178

Libeskind, Daniel (2018): Autos zerstören die Städte, auf: https://www.noz.de/deutschland-welt/kultur/artikel/1395591/daniel-libeskind-autos-zerstoeren-die-staedte#gallery&0&0&1395591, Abrufdatum 27.07.2019

Lorenz, Konrad (1973): Die acht Todsünden der zivilisierten Menschheit. München

Lufthansa (Lufthansa Group) (2018): Balance, Nachhaltigkeitsbericht, Ausgabe 2018, auf: https://www.lufthansagroup.com/filead min/downloads/de/verantwortung/balance-2018-epaper/#0, Abrufdatum 03.08.2018

Lukács, Georg (1967): Geschichte und Klassenbewusstsein. Amsterdam

Lukács, Georg (1982): Wilhelm Meisters Lehrjahre, in: Bahr, Ehrhard: Erläuterungen und Dokumente. Johann Wolfgang Goethe: Wilhelm Meisters Lehrjahre. Stuttgart, S. 358–363

Maio, Giovanni (2012): Wenn das Hochproblematische zur Normalität wird, in: Büchner, Bernward; Kaminski, Claudia; Löhr, Mechthild (Hg.): Abtreibung – ein neues Menschenrecht? Krefeld, S. 159–170

Mensen, Herbert (1991): Das autogene Training. München

Naess, Arne (1997): Die tiefenökologische Bewegung. Einige philosophische Aspekte, in: Krebs, Angelika (Hg.): Naturethik. Frankfurt am Main, S. 182–210

Nietzsche, Friedrich (1960): Menschliches, Allzumenschliches. München

Nussbaumer, Gerda (2009): Von der theoriebasierten Pflege zum Case Management, in: von Reibnitz, Christine (Hg.): Case Management: praktisch und effizient. Heidelberg, S. 35–52

Papst Franziskus (2013): Evangelii Gaudium, in: Die Tagespost vom 28.11.2013, S. 13–35

Plicka, Karel (1955): Die Slowakei. Prag

Pufé, Iris (2014): Was ist Nachhaltigkeit? Dimensionen und Chancen, in: Aus Politik und Zeitgeschichte 31–32/2014, S. 15–21

Regan, Tom (2000): Tiere gehören nicht zwischen zwei Scheiben Brot. Interview „Neues Deutschland“ vom 26./27. August 2000, auf: https://www.tierbefreiungsoffensive-saar.de/literatur/tom-re gan/, Abrufdatum 17.07.2019

Rock, Martin (1983): Theologie der Natur und ihre anthropologisch-ethischen Konsequenzen, in: Birnbacher, Dieter (Hg.): Ökologie und Ethik. Stuttgart, S. 72–102

Rousseau, Jean-Jacques (1995): Schriften zur Kulturkritik. Über Kunst und Wissenschaft, Über den Ursprung der Ungleichheit unter den Menschen. Hamburg

RWE (Rheinisch-Westfälisches Elektrizitätswerk AG) (2019a): Verantwortung und Engagement, auf: https://www.group.rwe/innovation-wissennachbarschaft/verantwortung-engagement, Abrufdatum 10.07.2019

RWE (Rheinisch-Westfälisches Elektrizitätswerk AG) (2019b): Corporate Responsibility, auf: https://www.group.rwe/der-konzern/verantwortung/cr-berichterstattung, Abrufdatum 10.07.2019

RWE (Rheinisch-Westfälisches Elektrizitätswerk AG) (2019c): Transparent in die Zukunft, auf: https://news.rwe.com/transparent-in-die-zukunft-rwe-veroffentlicht-ihren-22-nachhaltigkeitsbericht/, Abrufdatum 10.07.2019

Schindele, Eva (1997): Zwischen „guter Hoffnung" und der Angst vor dem Risiko, in: Bremische Zentralstelle für die Verwirklichung der Gleichberechtigung der Frau (Hg.): Dokumentation der Fachtagung in Bremen, September 1996, ‚Unter anderen Umständen'. Mütter werden in dieser Gesellschaft. Bremen, S. 36–47

Schweitzer, Albert (o.J.a): Die Ethik der Ehrfurcht vor dem Leben, in: ders.: Gesammelte Werke Band 2. Zürich, S. 375–402

Schweitzer, Albert (o.J.b): Philosophie und Tierschutzbewegung, in: ders.: Gesammelte Werke Band 5. Zürich, S. 135–142

Seel, Martin (1997): Ästhetische und moralische Anerkennung der Natur, in: Krebs, Angelika (Hg.): Naturethik. Frankfurt am Main, S. 307–330

Seiffert, Johannes Ernst (2002): Patriotismus – Ist Deutschland der Weltkrise geistig gewachsen? In: bulletin philosophique IX–X/2002, S. 1–16

Singer, Peter (1994): Praktische Ethik. Stuttgart

Singer, Peter (1997): Alle Tiere sind gleich, in: Krebs, Angelika (Hg.): Naturethik. Frankfurt am Main, S. 13–32

Spaemann, Robert (2002): Grenzen. Zur ethischen Dimension des Handelns. Stuttgart

Tank, Kurt Lothar (1959): Hauptmann. Hamburg

Tepe, Christian (2001): Ästhetik als Freiheitsdenken. Marburg

WABOS (Wagenburg Osnabrück) (2019): Wagenburg Osnabrück. Sozial, ökologisch, kulturell. Infobroschüre. Osnabrück

Watson, James D. (2001): Ich suchte eine Freundin, in: Süddeutsche Zeitung Magazin 22/2001, S. 28–33

WCED (World Commission on Environment and Development) (1987): Report of the World Commission on Environment and Development. Our Common Future, auf: https://sustainabledevelopment.un.org/content/documents/5987our-common-future.pdf, Abrufdatum 15.07.2019

Welzer, Harald (2015): Darum ist Nachhaltigkeit total unsexy, auf: https://innogy-stiftung.com/2015/06/16/nachhaltigkeit-ist-unsexy/, Abrufdatum 11.07.2019

Wibbelt, Augustin (1969): Der versunkene Garten. Münster

Zweig, Stefan (2004): Die Monotonisierung der Welt, in: Cicero 12/2004, S. 80–83

Zeitfracht Medien GmbH
Ferdinand-Jühlke-Straße 7
99095 Erfurt, Deutschland
produktsicherheit@kolibri360.de